Robert Langer
Rückentwicklung des Geistes

Reihe Philosophie

Band 32

Robert Langer

Rückentwicklung des Geistes

Reduktion von Komplexität um jeden Preis?

Eine Polemik

Centaurus Verlag & Media UG

Zum Autor: Dr. Robert Langer wurde nach einem Studium der Rechtswissenschaften mit anschließender Promotion und dreijähriger Gerichtspraxis 1982 zum Richter ernannt. Bis 2003 übte er die richterliche Tätigkeit in verschiedenen Bereichen aus. Anschließend arbeitet er ehrenamtlich als Berater für eine Organisation zum Schutz von Verbrechensopfern. Seit vielen Jahren beschäftigt er sich mit Themen der Philosophie, Evolutionstheorie, Psychologie und Kosmologie.

Bibliografische Informationen der Deutschen Nationalbibliothek
Die Deutsche Nationalbibliothek verzeichnet diese Publikation in der Deutschen Nationalbibliografie; detaillierte bibliografische Daten sind im Internet über http://dnb.d-nb.de abrufbar.

ISBN 978-3-8255-0769-5   ISBN 978-3-86226-914-3 (eBook)
DOI 10.1007/978-3-86226-914-3

ISSN 0177-2783

Alle Rechte, insbesondere das Recht der Vervielfältigung und Verbreitung sowie der Übersetzung, vorbehalten. Kein Teil des Werkes darf in irgendeiner Form (durch Fotokopie, Mikrofilm oder ein anderes Verfahren) ohne schriftliche Genehmigung des Verlages reproduziert oder unter Verwendung elektronischer Systeme verarbeitet, vervielfältigt oder verbreitet werden.

© *CENTAURUS Verlag & Media KG, Freiburg 2010*

Umschlaggestaltung: Antje Walter, Titisee-Neustadt

Satz: Vorlage des Autors

Inhalt

Einleitung 7

I) Die komplexe Wechselwirkung von Genom und Umwelt 23

II) Zum Verhältnis von Philosophie und Wissenschaft 30
   a) Transzendentale Zahlentheorie versus
      anthropologischer Zahlensinn 30
   b) Totalitarismus allerdings als Preis dafür, den Vorrang der
      Philosophie vor den Wissenschaften festzuschreiben 37

III.) Ist der Naturalismus der Weisheit letzter Schluss? 43
   a) Mister Dennetts Entertainerqualitäten oder die Flachheit des
      modernen Naturalismus 43
   b) Zur Altruismus-Debatte 51

IV) Logos als Ausgangspunkt der Rekonstruktion des Geistes –
    ein Vorschlag 57
   a) Überlegungen zum Begriff des Logos 57
   Exkurs: Vom Mythos zum Logos (Wilhelm Nestle) 60
   b) Theorie des Bewusstseins? 68

V) Auf der Jagd nach der Weltformel oder die Suche nach dem
    heiligen Gral 78
   a) Haucht die Weltformel sich selbst auch schon Realität ein? ... 78
   b) Die Große vereinheitlichende Theorie wird immer aufs Neue
      verschoben 87
   Exkurs: Erschütterungen des Urknallmodells 89

Anmerkungen 107

Literaturverzeichnis 111

Einleitung

Zivilisationen, die untergehen, *implodieren* im Regelfall; die vorkolumbianischen Kulturen, die von Europäern, also von außen zerstört wurden, stellen eine Ausnahme dar. Die Implosion ist charakterisiert durch zunächst *extrem anschwellende* Komplexität, die in einem Phasenübergang in radikale *Reduktion* von Komplexität übergleitet.

Epochen extrem angeschwollener, nicht mehr angemessen zu bewältigender Komplexität waren etwa die griechische Kultur, als sie im vierten Jahrhundert vor Christus auf dem Höhepunkt antiken Denkens, den Denkstrukturen von Platon und Aristoteles, angelangt war. Ich vermeide bewusst den Ausdruck „Systeme" des Platon und Aristoteles, weil jedenfalls Platons Denken mehrfache Brüche aufweist und bis heute nicht bewältigt ist, wie sich schon aus Heideggers Äußerung zu Georg Picht Ende der dreißiger Jahre nach zwei Jahrzehnten intensiver Beschäftigung mit Platon erschließen lässt: „Eines muß ich Ihnen zugeben: die Struktur des platonischen Denkens ist mir vollkommen dunkel" (Anm. 1).

Oder die islamische Hochkultur des elften Jahrhunderts. Oder gar *der Westen*, der gegenwärtig in radikale Reduktion abkippt, wobei freilich das Überborden von Komplexität und deren unfassliche Reduktion einander zeitlich durchaus überlappen: die Kompliziertheit des im September 2008 zusammengebrochenen Finanzmarkts, dessen Implosion die Realwirtschaft mit in den Abgrund riss, ist nur von wenigen Mathematikern durchschaut worden.

Die Währungsspekulation, die nach der Aufhebung des Abkommens von Bretton Woods, das 1944 feste Währungskurse eingeführt hatte, Mitte der Siebzigerjahre einsetzte, zeitigte den ab dem Triumph des Kapitalismus über den Kommunismus westlicher Prägung 1989/1991 exponentiell wachsenden Markt für Finanzderivate, auf dem Gewinne mit dem Ausmaß der Ungewissheit und Undurchschaubarkeit zu steigen schienen und Gleichheit der Information nicht gegeben war, zumal niemand die „Hebel" immer kühnerer Finanzkonstrukte kannte. Bis dann 2007/2008 das bittere Erwachen im Zuge der globalen Subprime-Krise kam. Wenn seitdem entschuldigend für die Manager, die in das Desaster schlitterten, ins Treffen geführt wird, dass es Gier schon immer gab, so ist dem zu entgegnen, dass vor 1973 einfach andere, klügere Regeln galten, die der Gier schlicht auch für den Laien überschaubare Grenzen setzten (Anm. 2).

Die Vermischbarkeit von Realität und Virtualität, den Zerfall der *Modellierbarkeit der Welt* (= dem klassischen Projekt der europäischen Neuzeit schlechthin) hat sehr anschaulich dargelegt der Soziologe Dirk Baecker in einem Interview in profil 50/2008, S. 96. Er arbeitete Ende 2008 an der so genannten „Charta von Reininghaus", einem Forschungsprojekt zur Formulierung einer Art Pflichtenheft für die Stadt der Zukunft, der *digital vernetzten Megalopolis*. Resultat der Bemühungen soll eine aus kulturwissenschaftlicher Perspektive formulierte Aufgabenbeschreibung der „nächsten" Stadt sein. Vor Augen haben die Beteiligten die „Charta von Athen", die 1933 unter der Führung von Le Corbusier für die *moderne Stadt* erarbeitet wurde. Diese moderne Stadt, die Stadt noch der Gegenwart, ist charakterisiert durch die funktionale Unterscheidung in Wohngebiete, Arbeitsgebiete und Freizeitgebiete.

In der Stadt der Zukunft wird diese funktionale Differenzierung aufgehoben sein. Möglich machen dies die neuen Kommunikationsformen. „Neu ist besonders, dass der Computer eine Maschine ist, die sich mit hohen Fähigkeiten zur Speicherung und Verarbeitung eigener Daten an der Kommunikation beteiligt. Woher die vom Computer generierten Daten stammen, ist nicht mehr nachvollziehbar. Die Autorität der Quelle gibt es im Computerzeitalter nicht mehr. Die Reaktion ist, dass wir versuchen, weit reichende Entscheidungen so klein zu stückeln, dass wir immer nur kleine Schritte machen, die jeweils reversibel sind. ... *In der Moderne war die Gesellschaft eine vernünftige Veranstaltung mit einzelnen Katastrophen*. In der *nächsten* Gesellschaft gibt es eine offene Flanke, die unbekannte Komplexität der Welt. Die bekannte Flanke sind wiederum meine kleinen, möglichst reversiblen Entscheidungen."

Nun ist ja die so genannte „Postmoderne" schon davon geprägt, dass der „Text", im weitesten Sinne Realität (Anm. 3), *sich überhaupt vom Urheber verselbständigt,* die Botschaft sich vom Absender emanzipiert und die Schöpfung einzelner bis ins Unendliche nicht nur interpretiert werden kann (= Semiose), sondern geradezu interpretiert werden sollte. Und dabei war die Postmoderne schon ein Schlagwort, ehe die Digitalisierung unserer Kultur vollständig einsetzte ...

Wie verhält sich nun der Verlust der Autorität der Quelle zum Komplexitätsproblem? Der Urheber kam paradoxerweise im Zuge des *kollektivistischen Projekts* der Moderne zu seinem Recht. Nach herrschender Auffassung, etwa Peter Gays, Die Moderne. Eine Geschichte des Aufbruchs, 2009, nimmt die Moderne ihren Anfang in der Mitte des 19. Jahrhunderts. Den Ursprung der Moderne fokussiert Gay in der Person des französischen Poeten Charles

Baudelaire. „Der bemerkte als Erster, dass eine Eisenbahnfahrt die Naturbetrachtung verändert", wie es in einer Rezension über das Werk heißt. Ungeklärt bleibt bei diesem etwas dandyhaften Ansatz des US-Historikers, wieso eine Eisenbahnfahrt, also *Bewegung*, die Auffassung oder das Verständnis der Natur beeinflussen soll. Dann könnte man ebenso gut erst Einsteins Spezielle Relativitätstheorie 1905 als den Beginn der Moderne ansetzen.

Die Moderne hebt vielmehr bereits 1776/1789 an (Proklamation der universalen Menschenrechte, Französische Revolution) und ist mit folgenden Schlagworten umrissen: Nationalismus, Bonapartismus (Einbindung des Lumpenproletariats in ein autoritäres Herrschaftssystem), Kapitalismus, Sozialismus, Marxismus, Faschismus, Nationalsozialismus, Stalinismus. Die *Demokratie* etablierte sich als *negativer Regelkreis* synchron zu den *kollektivistischen Ismen* („Aufstand der Massen").

Im Verlaufe des 18. und 19. Jahrhunderts wurden in den großen europäischen Ländern und den USA die „Urheberrechte" erlassen. In der Person des Urhebers spiegelte sich also gewissermaßen noch einmal das metaphysische Subjekt der europäischen Neuzeit. Im Zuge des *individualistischen Projekts* der Postmoderne löst sich paradoxerweise die individuelle Urheberschaft auf, wodurch das Egalitätsprinzip der Moderne destruiert zu werden droht .

(Dies wird nur scheinbar entkräftet durch den auf Betreiben großer US-Konzerne juristisch verstärkten und ausgedehnten Patentschutz, der über *Erfindungen* hinaus greifend auch *Entdeckungen* umfassen soll, beispielsweise im Bereich der Herstellung von Medikamenten aus Substanzen bestimmter Heilpflanzen des Amazonas-Gebiets. Solche Absichten führen direkt zur absurden Klagbarkeit von die einschlägig verwertbaren Pflanzen nutzenden Indianervölkern) ...

Baecker spricht von der „offenen Flanke" der zukünftigen Gesellschaft, der „unbekannten Komplexität der Welt", der wir begegnen werden durch Nachfrage „nach eher geschlossenen Räumen, die so etwas wie Schutzräume im Umgang mit seinesgleichen und mit dem Computer darstellen, aber eben auch Beobachtungsräume für das, was sich im Rest der Welt abspielt".

Es gibt mehrere Begriffe von zentraler Bedeutung, die in unserer Zeit zueinander driften, obwohl vermutlich noch niemand genau den Zusammenhang zwischen ihnen begreift.

1) Da besteht einmal zunächst die postmoderne Auslegung der Realität als *Text*. Dieser (Kon-)Text ist vom Urheber fort gerissen, vielmehr wird das metaphysische Subjekt der Neuzeit, also das transzendentale Selbst eines Kant, *eingeschrieben* in den Text, es besteht nur kraft des Textes, der hauptsächlich als System von *Zeichen* begriffen wird, ohne dass es eine philosophische, theologische oder psychologische Vorbedeutung gäbe, die in den Text eingreift (Anm. 4).

2) Das *individualistische Projekt der Postmoderne* ergibt sich aus dem Ende der großen Erzählungen (Lyotard), das sind die bereits genannten -Ismen, die die Neuzeit beherrscht haben, plus den ihre persönlichkeits- und geschichtsgestaltende Kraft einbüßenden *westlichen* Weltreligionen des Judentums und Christentums. Dieses Ende entlässt den postmodernen Menschen jedenfalls der westeuropäischen, mittlerweile aber auch osteuropäischen Zivilisation in die Heimatlosigkeit der Globalisierung (gilt nicht in diesem Ausmaß für die noch immer stark christlich geprägten Vereinigten Staaten).

3) Es gibt etliche Definitionen von *Globalisierung*. Sie ist der dritte die Epoche formende Begriff, und er ist der unklarste. Schon 2001 wurde bezweifelt, dass Globalisierung irgendetwas mit dem vorgeblich freien globalen Markt zu tun hat. Vielmehr profitieren *Oligopole*, die unter den Bedingungen der Egalisierung der veröffentlichten Meinung es leicht haben, sich kaltschnäuzig gegen Kritik an der ungeheuerlichen Akkumulation des Kapitals zur Wehr zu setzen (dies galt zumindest bis 2008; doch ist 2008 nicht etwa die Vernunft eingekehrt, sondern es fehlt schlicht an dem für Firmenübernahmen in größtem Stil nötigen Kredit). Wäre der Markt im idealen Sinn (F. A. von Hayek) tatsächlich so viel besser informiert als der Mensch, so sollte man meinen, dass die globalen Ressourcen bestmöglich verteilt seien. An einen solchen idealen Markt den Vorwurf zu richten, er erzeuge ein soziales Gefälle „wie zwischen Kiew und Berlin" (Anm. 5) ist absurd. Vielmehr verhält es sich so, dass die „angebliche Allwissenheit und perfekte Effizienz eines freien Marktes aus ökonomischen Arbeiten der 1950er und 1960er Jahre (stammt), die im Nachhinein mehr wie Propaganda gegen den Kommunismus anmuten als wie plausible Wissenschaft" (Anm. 6). 2008 bekannte Joseph Stiglitz, Chefvolkswirt der Weltbank 1997-2000, Nobelpreisträger 2001, ein „Superökonom" des US-Establishments: „Die Apologeten des freien Marktes ... leugnen ..., dass es auf dem zügellosen Markt keine Chancengleichheit gibt."

Wie schon in Der Spiegel 12/2004 dargelegt, entzieht die Globalisierung dem industriellen Kern der entwickelten Länder einen Teil des bisher dort investierten Kapitals, weil Kapitalrentabilität andernorts höher ist. Sie jagt die Welt in einen Wettbewerb der Investitionsstandorte. (Das gilt im Hinblick auf China seit der Wirtschaftsreform durch Deng Hsio Ping 1978ff., für den osteuropäisch/ehemals sowjetischen Bereich seit 1989/1991). Die Globalisierung bringt damit auch Menschen unterschiedlicher Kontinente in Konkurrenz zueinander. Dies wird häufig von Rittern des Zeitgeistes bejubelt, doch der dadurch ausgelöste extreme Kostendruck auf einfache Tätigkeiten führt zu einer Spaltung des Arbeitsmarktes mit verheerenden sozialen Konsequenzen in der Dritten Welt.

In der Ersten Welt ist die Konsequenz des globalen Konkurrenzdrucks mittelfristig die Austrocknung des Sozialstaats alter Prägung. Die *Mittelschicht* in den USA und den EU-Ländern wird – nach dem historisch einzigartigen Zeitfenster der Sozialen Marktwirtschaft 1945 bis 1989 – vom akkumulierten Kapital und dessen Handlangern in den US-Eliten, der EU-Kommission und den EU-Regierungen *aufgeopfert*, um die – regional weit größeren und daher mehr Profit versprechenden – (nunmehr liberalisierten) Märkte des Ostens außerhalb der EU bestmöglich auszuschöpfen. Der einzig relevante Aspekt für das akkumulierte Kapital des Westens ist die Erhöhung beziehungsweise überhaupt erst Ermöglichung von Massenkaufkraft in Russland, Brasilien, China und Indien, um den Absatz, der im Westen wegbricht, überzukompensieren.

Der Osten hingegen weiß, was er an einer stabilen Mittelschicht hat, die sich gerade in Russland, China, Indien oder Brasilien strukturiert. So konstatiert der russische Soziologe Wladislaw Surkow: „Medwedew und Putin werden nicht zulassen, dass die Mittelklasse nächstes Jahr leiden muss ... unser Augenmerk richtet sich jetzt auf jene, die am wichtigsten sind: die (Bürger) der Mittelklasse" (Anm. 7).

Schon ein politischer Schriftsteller des 18. Jahrhunderts, Tocqueville, prophezeite eine Gesellschaft aus lauter „Vereinzelten" – in den Neunzigerjahren lautete eine euphemistische Bezeichnung „Ich AG" –, die nur für sich selbst vorhanden seien. „Und tatsächlich bewegen wir uns auf eine Gesellschaft zu, die eher eine Ansammlung von innerlich und äußerlich voneinander isolierten Individuen ist, deren Kontakte von kurzfristigen Kosten-Nutzen-Rechnungen bestimmt sind. Immer stellt sich diesen Leuten die Frage: Was bringt mir das? ... Alles tendiert zur Gleich-Gültigkeit, jedes Urteil ist lediglich Geschmacksurteil, man wählt zwischen Weltanschauungen wie zwischen Kalbshaxe und Chop Suey ... Denken Sie an die 68er mit ihren Forderungen nach hemmungsloser Bedürfnisbefriedigung. Ohne es zu wissen, waren sie damit die Avantgarde des Kapitalismus ..." (Anm. 8).

So kommt es denn zu erschütternden Szenarien, die mit der heilen Welt der Globalisierung, wie sie uns von den systemkonformen Medien vorgegaukelt wird, so gar nichts zu tun haben. Der US-Autor Robert D. Kaplan entwirft eine politisch-wirtschaftliche globale Situation Ende des 21. Jahrhunderts, die charakterisiert ist durch weitgehende Auflösung der Völkerfamilie. Der Westen Afrikas beispielsweise werde „zum Afrika des viktorianischen Atlasses" zurückkehren ... „eine Serie von Küstenhandelsstädten wie Freetown und Conakry, das Landesinnere wird, wie einst Graham Greene beobachtete, leer und unentdeckt" ... Kaplans Welt Ende des 21. Jahrhunderts: ein Glacis von klassischen Nationalstaaten und vielen kleinen Stadtrepubliken und Schurkenstaaten an der Peripherie, die arythmisch durch Kriege und Zellteilung zerfallen und zu neuen Clustern zusammenwuchern (Anm. 9).

4) Macht nützt den ab, der sie *nicht* hat, wie ein bekannter italienischer Politiker der Nachkriegszeit („Il Divo") einmal offen einbekannte. So eröffnet sich dem erstaunten Blick des in der Massengesellschaft der Modernen (bis 1989/ 1991) sozialisierten Beobachters eine *globale Klassengesellschaft* des 21. Jahrhunderts, deren oberste Klasse der Illusion der perfekten Effizienz und Allwissenheit des Marktes die Freiheit der unteren Klassen zusehends opfert. Dem in der Postmoderne/Globalisierung heimatlos gewordenen Individuum wird von der veröffentlichten Meinung vorgegaukelt, nur die bedingungslose Anpassung an die Gegebenheiten eines globalen Marktes *erlöse* ihn von der *Schuld* fehlenden oder unzulänglichen Wissens und eines unzulänglich ausgeprägten Informationsstandes. Der Globalismus dieser obersten Klasse, der sich manifestiert z.B. in der Person des Vorstandsvorsitzenden eines Automobilunternehmens, der Managerin einer Fondsgesellschaft, eines IT-Spezialisten, EU-Politikers, eines gut bezahlten Hampelmanns des akkumulierten Kapitals in der EU-Kommission, international aus welchen Gründen immer hofierten Kunstschaffenden, internationaler Filmstars mit UNO-Charityfunktionen, *entspricht jenem der untersten Klasse*, z.B. einem Handwerker aus einem Billiglohnland oder einem illegalen Wanderarbeiter (Anm. 10), der etwa an Spaniens Küsten gespült wird.

Sie alle repräsentieren das postmoderne *Nomadentum,* wie es neuerdings Heiner Hastedt so eindringlich darstellt.

Momentaufnahme im Hinblick auf eine TV-Dokumentation (Anm. 11): *Gipfel des Globalismus*: in Mexiko regiert der Narco-Feudalismus, gestützt auf ein Heer willfähriger Intellektueller, seien es Rechtsanwälte, Banker, Steuerberater, Staatsanwälte, höchste Politiker. Ernährt wird das erbarmungslose System, das raffgierige Kreaturen wie den Multimilliardär Carlos Slim auf die höchste Schaumkrone gespült hat, durch die extreme Nachfrage der US-dekadenten Unter-, Mittel- und Oberschichten – es ist mittlerweile auswechselbar, welche Schicht was konsumiert, wenn es nur Gift ist – nach Rauschgiften welcher Art auch immer, seien es Kokain, Marihuana oder Amphetamine. Die Sicherheit der wenigen Plutokraten, die sich den Narco-Feudalisten noch nicht unterworfen haben, übernehmen in Mexiko – das nennt sich Globalität des freien Verkehrs an Arbeitskräften – *kolumbianische* Sicherheitsfirmen, die in den letzten zwanzig Jahren reichlich Erfahrung sammeln konnten in ihrer Heimat, bis dort ein quasi-faschistischer Diktator wie Uribe den Banden das Handwerk legte (man kann das durchaus vergleichen mit dem Sieg des Faschismus unter Gouverneur Cesare Mori in Sizilien über die Cosa Nostra in den Zwanzigern und Dreißigern des vorigen Jahrhunderts). Das Volk in Mexiko, hauptsächlich die Indigenen dämmern in unfasslichem Elend auf Müllhalden dahin; es existiert eine schamlose Kultur der Gesetzlosigkeit, in der Gewalt und Verbrechen verherrlicht wird.

5) Das letzte Schlagwort ist *Meta-Ideologie*. Sie ist die den höheren Angehörigen der globalen Netzwerke eigene Überzeugung, dass zwar nicht die Geschichte an ihr Ende gelangt sei, wie noch Francis Fukuyama 1992 wähnte, jedoch die Ideologien sich erschöpft hätten, nämlich die -Ismen der Moderne ausgelaugt seien und durch das Handeln vielsprachig begabter, *pragmatisch* agierender Eliten ersetzt werden könnten. Als Beispiele dieser „Eliten" können die oberen Dreihundert der USA die beständig zwischen Wirtschaft, Politik und Charity hin und her pendeln und die politischen Spitzen der EU samt den die EU-Kommission belagernden aus der Wirtschaft stammenden, *sämtlich unregistrierten* (das signifikante Merkmal der Korruption schlechthin) Lobbyisten gelten. Tatsächlich eine bedrohliche Gemengelage eines völlig dekadenten Hofstaates, in dem Feudalschranzen Hof halten. Ein Hofstaat zu Brüssel, in demokratischer Weise in keiner Weise legitimiert, nach spätestens zehn Jahren weiterer Degeneration der europäischen Soziätät – unter Aufruf mittelalterlicher Vorbilder – sodann nach mittelalterlichem Vorbild falschen Prunk ausstrahlend mit Zwergen-, Tier- und Hofnarrenhaltung. Und es werden sodann die dem verlogenen Prunk angemessenen Karriere-Kriecher sein, die dort noch

vorgeben, die politischen und wirtschaftlichen Interessen ihrer Nationen zu vertreten.

Dieser Meta-Ideologie droht nämlich spätestens nach dem Triumph von ultrarechten bzw. mit EU-Gegnern beschickten Parteien bei der Wahl des Europaparlaments am 7. Juni 2009 eine Herausforderung. Sie besteht darin in klaren Worten zu sagen, was für Eigenschaften diese Eliten charakterisiert außerhalb des von ihnen selbst so heraus gestrichenen schmierigen Pragmatismus. Es sind eigenständig denkende Politiker wie der tschechische Präsident **Vaclav Klaus**, die erkennen, dass in diese Meta-Ideologie *abermals etliche -Ismen* aufgehoben werden (und zwar durchaus im hegelianischen Sinn *aufgehoben* werden), deren gemeinsamer Zug *post-demokratisch* ist: es sind dies Multikulturalismus, Ökologismus, Homosexualismus und NGOismus, wozu noch der Kult um das Verbrechensopfer zu zählen ist: in Österreich nachzuweisen an dem seit 2006 schwelenden skandalösen Fall Priklopil/ Kampusch, bei dem angebliche Verbrechensopfer-Schutzorganisationen im Verbund mit einem äußerst intransigenten Psychiater die Aufklärung eines Verbrechens schlicht verhindern (Anm. 12).

Zunächst scheint uns das Computerzeitalter in seiner Ausformung in der digital vernetzten Megalopolis eine Explosion, geradezu eine *Fulguration* (Konrad Lorenz) von Komplexität zu sein. Doch bezeichnend ist, dass der facettierte Mensch, dessen Nuancen die Komplexität der funktional differenzierten Gesellschaft (im Sinne Niklas Luhmanns) widerspiegeln, nunmehr, mit einem Ozean von Möglichkeiten der Teilhabe am Großen Netz des World Wide Web konfrontiert, sich nach Beschaulichkeit sehnt, nach Rückzug in die „eigenen vier Wände", dass er offenbar von der durch den Computer geschaffenen Situation vollkommen überfordert ist. Das bedeutet, er will fernab geschützt sein von der überbordenden Komplexität des Großen Netzes, er will die Komplexität *seiner* Nuancen endlich reduzieren und sich in ein neues paradoxes Biedermeier flüchten dürfen, in dem freilich seine Aggressionen ob der Übermacht des Außen schier entfesselt werden. Wie wird er sie bewältigen, oder ist die digitale Megalopolis bloß der Unterbau einer postmodernen Spielart des Faschismus, der jählings aus bergenden vier Wänden hervor bricht und als – hauptsächlich sexuell motivierte? – Gewalt über das digital informierte und geglättete gesellschaftliche Umfeld herein bricht?

Ist die Autorität der Quelle nicht mehr gewahrt, weil jede Exploration des einzelnen sogleich nicht mehr zuzuordnendes Allgemeingut wird, so droht die Identität des einzelnen überhaupt brüchig zu werden.

Griechenland erfuhr die gewaltsame Reduktion seiner komplexen Kultur durch den Hedonismus, den man ab dem ersten nachchristlichen Jahrhundert gegen Epikureismus und Stoa einwechselte. Dem Islam widerfuhr im zwölften Jahrhundert die radikale Rückbesinnung auf den Buchstaben des Korans (diese Entwicklung ging einher mit dem Theologen al Ghazzali, gestorben 1111, der im islamischen Kulturkreis das bereits ausgefaltete Kausalitätsdenken wieder stur zunichte machte).

Die westliche Kultur stagniert seit ungefähr einem halben Jahrhundert bei allem triumphalen Fortschritt, was die Kommunikations- und Informationstechnologien betrifft; doch die *Grundlagen* der Wissenschaften *erodieren* seit einem halben Jahrhundert bei all dem Rausch an Geschwindigkeit, der die Entwicklung vielfältiger Anwendungen kennzeichnen mag:

a) die komplexe Wechselwirkung von Genom und Umwelt wird auf den einfältigen Primat der Genetik herab gebrochen (in diesem Punkt ist allerdings in jüngster Zeit eine Besinnung zu beobachten: Stichwort Epigenetik).
b) die unangefochten höchstmögliche Komplexität der Mathematik wird dem Zugriff der Anthropologie eröffnet: transzendentale Zahlentheorie versus anthropologischer Zahlensinn.
c) Schon 1977 formulierte Karl Popper: „Tatsächlich ließe sich sagen, daß der radikale Materialismus oder Behaviorismus derzeit die Ansicht des Leib-Seele-Problems ist, die unter der jüngeren Generation der Philosophiestudenten am meisten in Mode ist" (Anm. 13). Tatsächlich sind der Trivialisierung der Philosophie keine Grenzen mehr gesetzt: siehe Mister Dennetts Entertainerqualitäten oder die Flachheit des modernen Naturalismus oder den Umstand, dass Feuerbach´sche Flachwurzler wie Franz Wuketits in Wien den Diskurs dominieren;
d) die hysterische Verweigerung eines vielschichtigen *Logosverständnisses*;
e) die Jagd nach der Weltformel als dem allein selig machenden Paradigma einer Physik, die längst gerade im Hinblick auf die Grundlagen zu purer Spekulation degeneriert ist.

Die Dekadenz Europas eröffnete sich allerdings dem Blick des kritischen Beobachters schon lange ehe man von der postmodernen Beliebigkeit sprach. Da stellte sich nämlich die *68er Generation* ein, ab der der Verfall des Westens unumkehrbar wurde. Sie war der letzte Ausläufer, um nicht zu sagen: der *letzte Auswurf* des Kollektivismus der Moderne. Wir beschränken uns hier auf eine

Auseinandersetzung mit den *deutschen* 68ern, deren Autoritarismus sich im Grunde nicht von jenem ihrer Väter unterschied. Sowohl die französischen als auch die US-68er hatten abweichende Intentionen und Organisationsstrukturen. Der Anti-Amerikanismus der deutschen 68er machte sie mit ihren NS-Vätern, die gegen US-GIs kämpften und fielen, nahezu austauschbar ... offenbar ein Akt nicht eingestandener Überidentifikation.

Die deutschen 68er legitimieren sich dadurch, als eine Auflehnung gegen die nationalsozialistischen Väter moralisch angebracht gewesen sei. Doch das Problem ist, dass die 68er ihrerseits nicht die geringste moralische Legitimität beanspruchen können. Die 68er waren von ihrem Sexualtrieb gesteuert und hielten diesen Umstand offenbar für einen objektiven Fortschritt der Gesellschaft. Das Geschwätz von der „Repression der Triebe ... als historisch-kontingentes Faktum und nicht als zeitlose Bedingung menschlicher Existenz" hatten sie von Herbert Marcuse entlehnt, der von 1947 bis 1951, vermutlich aber auch noch später im Dienst der CIA stand. Hatte er die Aufgabe, die Generation der Söhne und Töchter der NS-Eliten durch irreale Verheißungen zu demoralisieren, um die Re-Education der Deutschen nach dem Zweiten Weltkrieg flankenmäßig abzusichern? Jedenfalls ist Marcuse ein Hauptverantwortlicher für das Elend zahlreicher 68er, die mit dem Scheitern der Utopie nicht zurecht kamen und in die Drogensucht schlitterten oder in den Terrorismus, wenn nicht gar in den Selbstmord, getrieben wurden!

Freud hätte bedauert, dass er erst dank der 68er in Deutschland von einer breiteren Masse akzeptiert, um nicht zu sagen schlagartig vereinnahmt wurde, wie dies in den USA schon in den Fünfzigern geschehen war. Was von der breit gestreuten Rezeption übersehen wird war allerdings, dass Freud für *Sublimierung* eintrat, nicht für das Ausleben von Trieben auf Kosten Dritter.

In letzter Konsequenz schufen die 68er Cliquen dieselben autoritären Strukturen wie ihre Väter. Allerdings waren sie zutiefst verlogen und psychisch unsäglich korrupt. Man sehe sich das Paar an, das zwischen 1998 und 2005 die Bundesrepublik regierte: Gerhard Schröder und Joschka Fischer, die beide ihre politische Karriere als Sprungbrett für das große Absahnen im Dienste von Volkswirtschaften missbrauchten, deren Interessen von jenen Deutschlands abweichen. Hätte sich jemand den deutschen Altkanzler Helmut Schmidt oder den österreichischen Altkanzler Bruno Kreisky, beide in ihrem politischen Wirken links der Mitte, als etwa den Vorstand des französischen Rüstungskonzerns Dassault oder beispielsweise als „Internationalen Berater" für Exxon vorstellen können?! Allerdings gehören zum großen Cash immer zwei: in den

Fällen Schröder (Russland) und Fischer (Türkei) Arbeitgeber, die genau wussten, welch skrupelloses Material sie hier einkauften.

Wir wollen zunächst auf Joschka Fischer eingehen, der zum Auftakt seiner politischen Laufbahn feige genug war, auf einen am Asphalt liegenden Polizisten ein zu dreschen. Die widerwärtige Scheu der Medien, das nachhaltig aufs Tapet zu bringen, nachdem es hoch gekommen war, dadurch die menschliche Integrität dieses Brechmittels von Politiker zu erschüttern und seine weitere Karriere zu vereiteln, ist ein extremes Symptom des allgemein um sich greifenden Verfalls einfachster Wertvorstellungen. Der unablässige Aufstieg des Herrn Fischer nimmt wirklich Wunder, war er doch zeitweilig beliebtester (!) Politiker Deutschlands ... Das lässt einen tief greifenden Schluss zu. *Wir wollen einmal den Primat der Genetik (Kapitel I)) ernst nehmen*, wie er bis vor kurzem unablässig propagiert wurde. Wie vor der sittlichen Qualität der Nachkriegsgenerationen erschauernde Beobachter behaupten, verbluteten auf den Schlachtfeldern des Zweiten Weltkriegs Etliche der moralisch Wertvollsten („der Besten"). Die hinter der Front in erbeutetem Wohlstand sich mästende zweite und dritte Garnitur des NS Regimes, all die „an die Heimatfront" gebundenen Ärzte, Juristen, Gauleiter, Architekten und Techniker des Dritten Reiches in nachvölkischem Gemeinsinn mit den heimgekehrten Lagerschergen und Systemzuhältern zeugten mit den genetisch offenbar rezessiven Trümmerfrauen die genetisch problematische Generation der 68er. – Letztlich, hinsichtlich der *gnostischen Grundhaltung,* die innerweltliche Erlösung herbeisehnt, trennte die 68er nichts von den – ach so geschmähten – Altvorderen. Die so genannte *„Neue Linke"* hatte ebenso einen Hang zu *„erleuchteter"* Politik wie die von der Nazi-Esoterik gebannten Väter. Man denke nur an Abbie Hoffmann 1969, der in der Ermordung eines Polizisten einen sakramentalen Akt erblickte, oder an die LSD Mystik des Psychotikers Timothy Leary (Anm. 14).

Die deutschen 68er haben aber keinesfalls nur im Bereich des „ideologischen Überbaus" der Gesellschaft markante Spuren hinterlassen. Nach ihrem „Marsch durch die Institutionen" ganz oben angelangt, gestalteten Schröder und Fischer ganz tiefgreifend die deutsche Wirtschaft um, aber nicht etwa im Sinne ihrer linken Ideologien, sondern groteskerweise ganz im Sinne jenes akkumulierten Kapitals, das von beiden, ehe sie den Gipfel der Macht erklommen, in ihren Sonntagsreden stets als der Gottseibeiuns schlechthin charakterisiert wurde.

Das Grazer Nachrichtenmagazin „Neue Ordnung" berichtet in seiner Ausgabe IV/08, wie durch die deutsche Steuerreform 2000/2002 die altbewährte

„Deutschland AG" „entflochten", um nicht zu sagen zerschlagen wurde. Das Unterfangen lief unter dem altbekannten Schlagwort der „Deregulierung" und wurde von der neoliberalen EU-Kommission ausdrücklich gutgeheißen. Plötzlich war da von linker Gesellschaftspolitik nichts mehr zu merken, ganz im Gegenteil! Schröder und Fischer bewährten sich als Schornsteinfeger des akkumulierten Kapitals: die rot-grüne Bundesregierung stellte die Veräußerungsgewinne aus dem Verkauf von Beteiligungen an Unternehmen steuerfrei. Damit lohnte es sich für die deutschen Banken und Versicherungen, Schritt für Schritt ihre Aktienpakete zu verkaufen. Banken und Versicherungen trennten sich, ganz wie es von der Steuerreform vorgesehen war, von ihren Unternehmensbeteiligungen und gaben damit gleichzeitig die Kontrolle über Deutschlands Großindustrie ab. Die Unternehmen mussten sich andere Kapitalgeber suchen, und das waren – erraten – US-amerikanische Investmentgesellschaften und Fonds. Die Folge: das in Deutschland investierte Private-Equity-Kapital, das 2002 erst 6,9 Milliarden Euro betrug, explodierte schon zwei Jahre später auf 22,5 Milliarden Euro. Weitere Folgen: nachhaltige Wirtschaftskonzepte, wie etwa die Familienstrukturen in bestimmten Firmen, wurden stark beschädigt und benachteiligt. Durch die Steuerreform wurden auch Mehrfach- und Höchststimmrechtsklauseln abgeschafft, mit denen zahlreiche deutsche Familienunternehmen sichergestellt hatten, dass der Einfluss Dritter im Unternehmen beschränkt blieb.

Man fragt sich, welchen Interessen Schröder und Fischer hier eigentlich dienten; es waren mit Sicherheit keine deutschen Interessen. Nach dem vollen Ausbruch der Finanzkrise stellte sich übrigens heraus, dass gerade deutsche Banken, anstatt wie es volkswirtschaftlich sinnvoll gewesen wäre Anteile an deutschen Unternehmen zu halten, in unfasslichem Ausmaß sich von US-Finanzunternehmen jene „Asset-Backed Securities" (ABS) und „Collateralized Debt Obligations" (CDO) hatten andrehen lassen, deren Wert ab September 2008 sodann dramatisch einbrach.

Während den USA immer noch die Mentalität der „frontier" inne wohnt, die uns gegenüber dem blanken Materialismus des angloamerikanischen Mainstream versöhnlicher stimmen sollte (Kapitel Va)), ist der für die neuzeitliche europäische Tradition charakteristische Begriff des *Subjekts*, der die Philosophie von Descartes bis Nietzsche beherrschte, verkommen zu einer bloßen „<Funktion> des Sprachsystems" (Anm. 15). Es ist ja sehr freundlich, wenn ein US-Nobelpreisträger wie eben Laughlin in Analogie zum Schachspiel den Europäern eine Vorgabe gönnt: „Doch die Philosophen der Postmoderne haben

– unabhängig davon, was man von deren Botschaften halten mag – korrekt und einfühlsam verstanden, dass wissenschaftliche Theorien immer eine subjektive Komponente (*sic!*) enthalten, die sowohl ein Produkt ihrer Zeit als auch eine Formalisierung objektiver Realität darstellt" (Anm. 16). Nun bedeutet aber für die Postmoderne das „Subjekt" gerade *nicht* jenes, was noch der Deutsche Idealismus ohne falsche Scham damit meinte: Herrschaft des Menschen über das Universum als Konsequenz dessen, dass wir unser Bewusstsein nur *einmal* haben und uns, so sehr unsere Intuition sich dagegen verwahren mag, vor einer Verdoppelung desselben zu einer „Welt", die vorgeblich unabhängig vom Bewusstsein existiert, hüten sollten (Edmund Husserl). Die Welt als Derivat unseres Bewusstseins: das ist der freche Anschlag des Deutschen Idealismus auf den so genannten gesunden Menschenverstand, der aber gerade auch von jener Quantenphysik ständig düpiert wird, die *erst neuerdings* unter dem Einfluss des angloamerikanischen Mainstream jedweden Spiritualismus – also die Auffassung, dass unser Geist identisch sei mit Welt – strikt zurückweist, wie ihn noch Erwin Schrödinger vertrat!

Die gegenwärtige europäische Zivilisation verrottet in geschichtlicher Analogie zu dem apokalyptischen Zusammenbruch des abendländischen Hochmittelalters, dieses seinerzeit unter dem Ansturm von Pest, Missernten, Kriegen und Hunger. Das Motiv des *Totentanzes* kommt aus dem Baskisch-Sarazenischen, von wo aus es nach Frankreich, in die Schweiz, nach Österreich und Deutschland vordrang. „Der berühmteste Totentanz wurde 1424 in der Säulenhalle des Friedhofes der Innocents zu Paris als Wandmalerei angebracht. Im siebzehnten Jahrhundert ist dieser Säulengang leider abgerissen worden. Er zeigt den Tod, der einem Affen ähnelt, grinsend, mit den Schritten eines alten steifen Tanzmeisters, der den Papst, den Kaiser, den Edelmann, den Taglöhner, den Mönch, das kleine Kind, den Narren und alle anderen Berufe und Stände auffordert, ihm zu folgen. Die Botschaft lag in der Gleichheit Aller vor Gevatter Tod ... Es gibt noch gut erhaltene, wenn auch nicht immer erhaltene Wandmalereien des Totentanzes, wobei jene in der Kirche von La Chaise-Dieu noch am ehesten das geniale Motiv des Säulengangs im Friedhof der Innocents wieder gibt" (Anm. 17). Einer der eindrucksvollsten Bilderzyklen war der Basler Totentanz auf der Umfassungsmauer des alten Friedhofs. Im Jahr 1805 wurde er größteils zerstört, die damals geretteten Fresken befinden sich heute im Museum der Basler Barfüßerkirche. Der gesamten sozialen Pyramide vom Papst bis zum Bettler wurde in den Totentänzen die Vergänglichkeit ihres Fleisches drastisch vor Augen geführt. Hans Holbein der Jüngere lässt 1534 den Tod den Papst gerade in dem Moment holen, da ihm der Kaiser die Füße küsst. Abraham a Sancta Clara sorgt 1677 in seiner Eigenschaft als Geistlicher Vater der Wiener Totenbruderschaft dafür, dass der Tod nur noch Hand an eine Säule mit der Tiara legt, aber nicht an den Papst höchstselbst, was man als Antwort auf den Totentanz des Protestanten Holbein verstehen darf. Bei Frans Masereel wird 1941 ein unübersehbarer Flüchtlingsstrom auf dem Weg ins Verderben von einem Skelett angeführt. In HAP Grieshabers „Basler Totentanz" von 1966 führen zwei Gerippe einen Mann mit Judenstern ab. Kiki Kogelnik lässt im Beinhaus von Stein im Jauntal 1997 die Tode tanzen.

Allerdings verweist auf die Implosion *des gegenwärtigen Westens* keine auch nur annähernd stichhaltige Symbolik. Diese Zivilisation ist extrem fragmentiert. Es ist sogar fraglich, ob für das Europa des Westens gilt, was Jonathan Wittenberg sagt: dass alle Menschen das Geheimnis ihrer eigenen Kontinuität suchen.

Bezeichnend für den gänzlichen Verfall des Westens ist, in welch geringem Ausmaß die Verursacher der großen Krise 2007 gelernt haben, sie nicht erneut anzuzetteln, sobald die Kennzahlen der Weltwirtschaft wieder einen Aufschwung nehmen. Entgegen der Ideologie des Neoliberalismus tragen die Exponenten des akkumulierten Kapitals *kein Risiko* – ihre Einkommenssituation wird abgefedert durch absurd hohe Abfertigungen, die sogar bei völligem Versagen ausbezahlt werden! Das sind Symptome von *Plutokratie,* die an die Stelle der Demokratie tritt – eine unverschämte Herrschaft der Nutznießer unverhältnismäßig anwachsenden Reichtums, deren Einflussnahme auf die Politik die Demokratie zur Lachnummer verkommen lässt.

So kommt eine umfassende Analyse der Wirtschaftssituation 2009/2010 in trend SPEZIAL 2 (Juni 2009), S. 55, zu dem wahrscheinlich nur naive Gemüter befremdenden Ergebnis, dass zwar „die Chancen für einen Paradigmenwechsel ... nach dem Schock über die Krise nicht schlecht (stehen)", Consulter Alon Shklarek, asp-Consulting allerdings vermutet, dass viele Manager insgeheim *hoffen, das alles so wird wie früher*: „Die haben noch nicht begriffen, dass der Reset-Knopf *(?)* längst gedrückt wurde und dass wir bereits in einer neuen Realität leben, die auf nachhaltiges Wirtschaften Wert legt."

Der Wirtschaftsjournalist Michael Nikbakhsh eröffnet in profil 25/2009, S.41, dass zehn große US-Geldhäuser (die soeben erst am Tropf des Staates gehangen waren) die erst vor wenigen Monaten gewährten Staatshilfen zurückzahlen wollen. Warum? Die seit 20. Januar 2009 im Amt befindliche Obama-Administration hatte die Zuwendungen an weit reichende Zugeständnisse bei

Managergehältern und Dividenden geknüpft – wie übrigens beispielsweise die deutsche Regierung auch. Jetzt sehen die US-Banker darin plötzlich „Wettbewerbsnachteile".

Nikbakhsh fährt fort:
„Wir lernen daraus zweierlei. Erstens: die Banker im Mutterland des Kapitalismus haben auch in der Krise nicht dazugelernt – es dürfte nur eine Frage der Zeit sein, bis der Gagen- und Renditewahnsinn eben dort wieder Anlauf nimmt. Zweitens: Irgendwie müssen wir Beobachter kollektiv einem Missverständnis aufgesessen sein. Bislang nämlich hatte es in Finanzkreisen nämlich immer geheißen, wer *keine* Staatshilfen in Anspruch nehme, habe <Wettbewerbsnachteile> zu gewärtigen" ...

I) Die komplexe Wechselwirkung von Genom und Umwelt

Im Hinblick auf die Entwicklung biologischer Individuen erfordert die Anerkennung ungeheurer Komplexität, nämlich der Vernetzung des genetischen Fundaments mit den zahlreichen prägenden Faktoren des natürlichen und sozialen Umfeldes eines Individuums. Dieser genetisch-epigenetische Ansatz wich ab der zweiten Hälfte der Siebzigerjahre dem **Primat der Genetik**, die um nahezu jeden Preis die Entwicklung des Körperbaus der Organismen, aber auch die Steuerung ihres Verhaltens auf das Genom *reduzieren* will.

Nach dem hauptsächlich populärwissenschaftlich aktiven Zoologen Richard Dawkins, einem Hauptverfechter der Ideologie einer Vorrangstellung der Genetik bei der Erklärung des Aufbaus und Verhaltens von Organismen, sind Lebewesen pure Überlebensmaschinen *der Erbsubstanz,* das heißt das Leben existiert überhaupt nur um der Gene willen. Sie sind von der natürlichen Auslese so konstruiert, dass DNA sich ausbreitet (Anm. 18). Die Maximierung des Fortbestands der DNA, so Dawkins, habe die schlichte Konsequenz, dass wir Menschen uns nicht nach Glück sehnen sollten. Um die Grausamkeit der Natur und deren Konsequenzen für den Menschen dem – möglicherweise von einer humanen oder gar humanistischen Einstellung verblendeten – Leser nahe zu bringen und sein Weltbild mit der schrecklichen Realität kompatibel zu gestalten, zitiert Dawkins den Kronzeugen aller Evolutionsbiologen, also selbstverständlich Charles Darwin. „Ich kann einfach nicht glauben", habe Charles Darwin geschrieben, „dass ein gütiger und allmächtiger Gott absichtlich Schlupfwespen geschaffen hätte, damit ihre Larven lebendige Raupen langsam von innen auffressen". Dawkins zieht das Resumee: „Für die Gene von Darwins Schlupfwespen ist es schlichtweg besser, wenn die Raupe lebt, also beim Verzehr frisch ist, egal wie qualvoll das für sie sein mag ... Aber die Natur ist nicht gütig und nicht gemein, sie nimmt weder für noch gegen Leiden Partei. Für Elend interessiert sie sich in keiner Weise, es sei denn, es geht um das Überleben von DNA."

Noch in den Siebzigerjahren machte man sich über diese absurde Allgegenwärtigkeit der Genetik als maßgebliche Wissenschaft allen – auch des menschlichen – Lebens lustig. Ich zitiere (Anm. 19): „Durch Zufall geriet mir vor einigen Jahren das Manuskript eines Buches in die Hand (...), in dem die Spekulation über *den Primat der DNS als des eigentlichen Ziels aller Evolution* (heraus gehoben durch R.L.) bis zur letzten Konsequenz einer umfassenden Weltanschauung getrieben wurde. ... Der Autor (Manfred A. Menzel, Das

Antlitz der Zukunft, unveröffentlichtes Manuskript) vertrat etwa die Ansicht, dass die Natur die ganze biologische Evolution auf der Erde einzig und allein deshalb in Gang gesetzt habe, um schließlich den Menschen und mit ihm eine technische Zivilisation hervorbringen zu können. ... Das Ganze sei in Wirklichkeit nichts als ein (unvermeidbarer) gigantischer Umweg, den die Natur habe beschreiten müssen, um der DNS die Möglichkeit zu verschaffen, die Erde zu verlassen und auf anderen Himmelskörpern Fuß zu fassen ... Die oft so irrational erscheinende Tendenz zur Entwicklung einer Raumfahrttechnik entpuppe sich unter diesem Aspekt, das etwa war die Schlussfolgerung des Autors, als Ausdruck eines triebhaften Dranges, dem der Mensch aus den gleichen Gründen unterworfen sei, aus denen er etwa auch das Geschäft seiner individuellen Fortpflanzung besorge."

Für den renommierten Neurologen und profunden Wissenschaftsjournalisten Ditfurth war es völlig evident, wie man eine derartige einseitige Sicht der Dinge zu beurteilen habe:

„Dass das (das zitierte Konstrukt Menzels, R.L.) bei allem Einfallsreichtum und aller <inneren Logik> doch auch wahnsinnig komisch wirkt, liegt natürlich an der ungeheuerlichen Einseitigkeit der Betrachtungsweise, die auch hier wieder ausschließlich *den Blickwinkel einer einzigen Entwicklungsstufe* (Hervorhebung durch R.L.) berücksichtigt. Nicolai Hartmann würde hier zweifellos von einem <Schichtverstoß> gesprochen haben, von dem unzulässigen Versuch, die Gesamtheit eines Phänomens durch die Verabsolutierung der Regeln und Kategorien eines ihrer Teile <erklären> zu wollen."

Es war die Genetik bis weit in die Siebzigerjahre auf die Erhellung der *biologischen* Evolution der Menschheit beschränkt. Ein genetischer Ansatz zur Erklärung der *kulturellen* Evolution – z.B. Hans Jürgen Eysenck (1916-1997), der als Kryptonationalsozialist verunglimpft wurde – war völlig verpönt. Dies wohl auch noch im Hinblick auf die Denkschule des Dialektischen Materialismus (die 1989/91 im Zuge der Implosion der real sozialistischen Systeme des Ostblocks zusammenbrach), auf welche die Dominanz der *Milieutheorien* gerade auch an den westlichen Universitäten zweifellos zurückging.

Doch noch ein anderer Grund war der Umstand, dass im kontinentalen Kulturbereich, anders als schon immer im angloamerikanischen Bereich, umfassende philosophische Kenntnisse der überwältigenden Mehrzahl der führenden Naturwissenschaftler zu eigen waren. Das ist heute überhaupt nicht mehr selbstverständlich, Philosophie ist ein Orchideenfach, der gegenwärtige philosophische Lehrbetrieb hat sich auf hauptsächlich *analytische Philosophie,* die in den USA verwurzelt ist (zu den Details der komplexen Begründung der analytischen Philosophie aus zunächst durchaus kontinentalen Wurzeln siehe Friedman!) und den französisch dominierten *Dekonstruktivismus* zurückgezogen.

Aus diesem Grunde ist einem gleichwohl führenden Naturwissenschaftler der Gegenwart – nun auch in Europa – im Regelfall etwa die Philosophie der Schichten des realen Seins (Nicolai Hartmann) nicht bekannt oder er nimmt sie nicht ernst. Die großen kontinentalen Naturwissenschaftler des 20. Jahrhunderts, als Beispiele seien nur heraus gegriffen Albert Einstein, Max Planck, Erwin Schrödinger oder Werner Heisenberg, waren umfassend philosophisch gebildet und hatten die europäische Metaphysik noch im Hinterkopf, was sie vor voreiligen Schlüssen auf die Natur des Universums zurückschrecken ließ. Diesen philosophisch genährten Argwohn vor allzu kurzschlüssigen Modellen, wie sie heute eben gerade in den Naturwissenschaften grassieren und da am schwerwiegendsten in der Biologie und Evolutionstheorie, lassen selbst ernannte Päpste der Evolutionsbiologie wie Richard Dawkins oder der Ameisenforscher Edward Wilson völlig vermissen.

Immerhin reichte es Mitte der Neunzigerjahre, als sich der Primat der Genetik als unhinterfragt zu festigen begann, noch zu einem sehr kritischen Leserbrief zu Dawkins' oben zitierten Aufsatz:

„(Dawkins) vermeidet es konsequent, Modelle dafür vorzustellen, wie nun aus genetischer Information und zum Wohl der Gene die hochkomplexen und effizienten Überlebensmaschinen entstehen sollen, die er in Form von Geparden, Gazellen, Schlupfwespen, Glanzfasanen und anderen Organismen Revue passieren lässt./ Denn über das Wie der Umsetzung von genetisch fixierter Information in die Strukturen der reifenden und ausgereiften Lebewesen herrschen trotz oft gefeierter Erfolge der Molekularbiologie weithin nur sehr unklare Vorstellungen. Evidenzen für wechselseitige Einflüsse von Genetik, Biomechanik, zellulärem und interzellulärem Milieu ... fanden bislang keinen Eingang in die Gedankenwelt des biologischen Normalbetriebs" (Anm. 20).

Trotz aller Fortschritte in der Genetik, etwa die umfassenden Genom-Analysen von Organismen einschließlich des Menschen (Craig Venter 2001), hat sich an dieser Befundaufnahme 1996 nicht viel geändert! Die Wechselwirkungen sind weitgehend unverstanden. Und das gilt selbstverständlich erst recht für die *kulturelle* Evolution des Menschen. Es ist eine intellektuelle Mode geworden, komplexes soziales und kulturelles Verhalten auf irgendwelchen Genen oder Genkombinationen zu begründen. Diese Mode nennt sich *Soziobiologie* (der Begriff wurde von E. Wilson 1975 geprägt). Das Geschwätz von den festen „biologischen Anlagen", so als käme ein Mensch mit einer fertigen

Ausstattung von Fähigkeiten und Dispositionen zur Welt, die nichts anderes tun als sich schrittweise in einem gegebenen sozialen Kontext zu entfalten, wird durch dessen ständige und unkritische Wiederholung nicht richtig, wird aber erst gegenwärtig in seiner ganzen Tragweite von einer *scheinaufgeklärten* Öffentlichkeit, die sich als wache Beobachterin der Scientific Community begreift und ihre Stupidität als Immunisierung gegen Ideologien aller Art missversteht, rezipiert.

Komplexere Ansätze wie etwa jener von Michael Tomasello, der in „Die kulturelle Entwicklung des menschlichen Denkens" und „Constructing A Language" (2005) darstellt, dass komplexe menschliche Verhaltensweisen, Fähigkeiten und Eigenschaften ... in einem eingebetteten Gebrauch *konstruiert* (Hervorhebung durch R.L.) werden und keiner detaillierten genetischen Kodierung bedürfen, vielmehr Konstruktion (Epigenese) und *nicht* die Entfaltung vorgefertigter Anlagen (Präformation) die Art und Weise ist, wie der Mensch seine Form und seine Fähigkeiten erlangt (Anm. 21), setzen sich erst langsam durch. Es ist halt einfacher, für so unterschiedliche Phänomene wie Altruismus (siehe unten III b)), Homosexualität oder Alkoholismus jeweils ein Gen oder eine Genkombination verantwortlich zu machen.

Die Genetik und der mit ihr seit 1975 als Überbau verbundene soziobiologische Ansatz haben ihren Siegeszug gegen die Milieutheorien darauf begründet, dass die *darwinistische* Evolutionstheorie sich als einzig schlüssiges umfassendes Modell der Erklärung der Natur durchgesetzt habe. Demnach gibt es einen genetischen Pool, der eine breite biologische Vielfalt ermöglicht (*Variation*). Die Umwelt entscheidet darüber, welche Tierarten aufgrund entsprechend angepasster Gene eine Überlebens- und Fortpflanzungschance haben und welche nicht. Dieses Konkurrenzprinzip („Kampf ums Dasein") gilt auch für die unterschiedlich fitten Individuen *innerhalb* einer Art. Die Umwelt *selektiert* also je nach genetischer Eignung der Arten und Individuen; das einzelne Individuum erfährt diese Selektion *passiv*, es vermag gegen seine genetische Ausstattung, die es einmal mehr, dann weniger gut für das Überleben in der jeweiligen Umwelt rüstet, nichts auszurichten. Einzig und allein *Mutationen*, die sich zumeist in der Meiose durch Fehler bei der DNA-Verdopplung, die nicht von Reparaturmechanismen korrigiert werden, ereignen (Anm. 22) können in seltenen Fällen eine neue, *angepasstere und fittere* Variation hervor bringen. Variation, Selektion und Mutation sind die Pfeiler der Evolution. Der erste Schritt der Selektion, die Entstehung genetischer Variationen, ist fast ausschließlich vom Zufall bestimmt. Auch im zweiten Schritt, der Beseitigung „weniger geeigneter" – wie es Mayr nennt – Individuen, spielt der

Zufall eine bedeutende Rolle. Einen *Rückkoppelungsprozess zwischen DNA und Umwelt* sowie die *genetische* Vererbung *erworbener* Eigenschaften, wie sie noch die Schule des *Lamarckismus* behauptet hatte, wurde strikt zurück gewiesen. Dies deshalb, weil die *Genetik* in der zweiten Hälfte des zwanzigsten Jahrhundert ein zwingendes Argument zur Verfügung zu stellen schien: das zentrale Dogma der Genetik lautete, dass das Genom die Proteine und damit mittelbar den Aufbau des Organismus formt, dagegen *keine Rückkoppelung* des Genoms an den Organismus und die von ihm vermittelte Umwelt möglich sei. Es existiere also eine Einbahnstraße von der DNS zu den Proteinen. Die DNS werde zeit Lebens *nicht* durch Rückkoppelungsprozesse von der Umwelt, vom natürlichen und sozialen Umfeld her, *modifiziert*. Daher sei ausgeschlossen, dass gelernte (*erworbene*) Eigenschaften und Fähigkeiten des Individuums sich in sein Genom *einschreiben* könnten, um sodann im Wege der biologischen Fortpflanzung an die Nachkommen weiter gereicht zu werden.

Bis vor wenigen Jahren war das Dogma der Genetik unangefochten. Damit behauptete auch der *Zufall* seine Rolle als der ausschlaggebende Motor der Evolution. Doch in jüngster Zeit mehren sich Hinweise, dass es *doch* eine Rückvernetzung der Umwelt mit dem Genom geben könnte. Eine eigene Wissenschaft, die *Epigenetik*, befasst sich nun mit diesem Thema. Es wurde entdeckt, dass psychischer Stress oder Traumata, aber ganz allgemein auch eine ungesunde Lebensweise insofern Auswirkungen *direkt* auf das Genom des einzelnen Menschen haben, indem bestimmte Gene ein- oder ausgeschaltet werden. Das bedeutet, dass nun in viel größerem Ausmaß eine *Verantwortung* des Menschen besteht, sein Überleben und seine Fortpflanzung zu maximieren. Es kann nicht mehr egal sein, wie jemand seinen Lebensentwurf gestaltet – ob er also massive psychische Beeinträchtigungen seiner Person zulässt –, wenn das soziale und kulturelle Umfeld nun unmittelbar auf das jeweilige Genom zugreift!

Und das vor allem deshalb, als der Fortschritt der Epigenetik nun enthüllt, dass Eigenschaften auf die Nachkommen *biologisch* – nicht kulturell! – vererbt werden, die nicht auf Abweichungen in der DNS-Sequenz zurück gehen, sondern auf eine vererbbare Änderung der Genregulation und Genexpression (Anm. 23). Diese *Modifikation* des Genoms durch das natürliche und soziale Umfeld ist keine Mutation, weil die Erbbausteine in ihrer Position verbleiben; sie wird Methylierung genannt.

Das heißt im Klartext, dass das durch die Lebensgeschichte des Individuums modifizierte Genom *genetisch* vererbt wird – eine triumphale Wiederkehr des Lamarckismus und der Zusammenbruch des klassischen Darwinismus.

Nun wird klar, wie wenig eigentlich mit der von Craig Venter geleisteten Kartierung der DNS-Sequenzen des menschlichen Organismus gewonnen ist: denn die Wechselwirkungen *zwischen* den Genen und das ungeheuer weite Feld an Modifikationen des Genoms, das sich nun durch die Rückwirkung des natürlichen/sozialen Umfelds auf den Organismus eröffnet, lassen erst erahnen, wie komplex die physische und psychische Organisation unseres Organismus tatsächlich ist.

Auch von Seiten der Gehirnforschung relativiert sich neuerdings die Gewalt der Gene, nachdem noch in den Achtzigerjahren von Benjamin Libet und Kollegen veröffentlichte Experimente zu beweisen schienen, dass unser Handeln ausschließlich durch die im Lauf der Evolution festgelegten genetischen Anweisungen in den Neuronen bedingt sei (Anm. 24). Nachdem nunmehr die einfachste und konservativste Interpretation der Wiederholungen dieser Experimente ergibt, dass die für eine Handbewegung spezifische Vorbereitung im supplementären motorischen Areal beider Hirnhälften *nicht* einsetzen muss, bevor die bewusste Entscheidung zu einer solchen Bewegung getroffen worden ist, steht fest, dass das Verhalten eines Menschen sich aus der immer währenden und einzigartigen Interaktion von Genetik, Umwelt und individuellen Erfahrungen ergibt, also nicht aus einer biologisch festgelegten Determinierung der Neuronen vorausgesagt werden kann (Anm. 25).

Die Myelinisierung, das ist die Ummantelung der Axone – der von den Neuronen abzweigenden Äste – mit der so genannten weißen Hirnsubstanz, zieht sich bis ins frühe Erwachsenenalter hin, weil auch noch die Axone bis in diese Lebensphase wachsen. Sie reagieren so lange auf Erfahrungen, bilden auch neue Verzweigungen aus und stutzen andere zurück. Die weiße Substanz bildet eine wichtige Grundlage für das Erlernen von Fertigkeiten, die langes Training, wiederholtes Üben sowie das Zusammenspiel weit voneinander entfernter Gebiete der Großhirnrinde erfordern. Das Gehirn entwickelt sich sohin *in Wechselwirkung* mit der Umwelt, als die neuronalen Verbindungen erst ihre Hüllen erhalten (Anm. 26).

Die Annahme geht wohl nicht weit fehl, dass die Myelinisierung jene Variante einfach der Methylierung ist, welche die Neuronen betrifft. Ob und inwieweit während des *gesamten* Lebens die durch die Myelinisierung ermöglichte Lern- und soziale Kompetenz sich rückkoppelt an ein weiteres Wachstum oder eine weitere raffinierte Organisation der weißen Gehirnmasse, ist noch unerforscht.

Inwieweit in diesen Standpunkt freilich die Ergebnisse der Forschungen von John-Dylan Haynes vom Berliner Bernstein-Center zu integrieren sind, denen zufolge *bis zu zehn Sekunden* vor der bewussten Entscheidung der verdeckte Plan eines Probanden aus den Gehirnaktivitäten ablesbar sei (Anm. 27), wird die Zukunft weisen ...

Es ist interessant, dass ausgerechnet ein österreichischer Naturwissenschaftler und Philosoph, Rupert Riedl, schon 1976 sehr wohl auf die Gefahren einer zu einseitigen Sichtweise infolge des zentralen Dogmas der Genetik aufmerksam machte (der Appell verhallte damals und in den kommenden zweieinhalb Jahrzehnten ungehört): „Zwar bestimmt die Bauanleitung den Bau, *aber die Baupraxis wirkt auf deren Organisation zurück* (Hervorhebung durch R.L.). Somit wirken Merkmale auf ihre Anleitung: Diese kopiert allmählich ihre eigene Praxis. Das Epigenesesystem imitiert seine Aufgaben. Entscheidungen und Ereignisse bilden einen Wirkkreis, eine Einheit. Das zentrale Dogma der Genetik ist gebrochen. Die Konsequenzen für die Genesis sind noch kaum zu übersehen" (Anm. 28).

II. Zum Verhältnis von Philosophie und Wissenschaft

a) Transzendentale Zahlentheorie versus anthropologischen Zahlensinn

Komplexester (neukantischer) Zahlentheorie stehen gegenwärtig so triviale Aussagen gegenüber wie von dem schreibfreudigen Mathematiker Rudolf Taschner, dass Zahlen unsere *Erfindungen* seien (Anm. 29). Genau eine solche Trivialisierung aber lässt offen, ob die Zahlen von einer empirischen Realität abstrahiert (Abstraktionismus) oder vielmehr vom menschlichen *Geist* geschaffen werden.

Wer nun aufschreit, dass ein für die Wissenschaft brauchbarer Begriff des *Geistes* nicht existiert, huldigt zwar dem gegenwärtig vorherrschenden Paradigma des philosophischen Materialismus, hat aber eine jahrzehntelange Diskussion in der zweiten Hälfte des neunzehnten und der ersten Hälfte des zwanzigsten Jahrhunderts nicht begriffen (geführt allerdings hauptsächlich von Denkern, die dem Nationalsozialismus in die USA, England oder Schweden ausweichen mussten), der zufolge zwischen dem *Reich der reinen Logik* am Beginn der Tätigkeit des Denkens und der *Mannigfaltigkeit der Empfindungen* an deren Ende sich Denken *„genetisch"* als einer unendlich fortschreitenden Folge entwickelt, in die mehr und immer mehr Schichten von „Form" durch Anwendung wissenschaftlicher Methoden eingebracht werden, um so schrittweise den Gegenstand empirischer Naturwissenschaft zu konstituieren (Anm. 30). Für den großen Vermittler zwischen der kontinentalen und der in den USA sich etablierenden analytischen philosophischen Tradition Ernst Cassirer (1874-1945) bezeichnet „produktive Synthese" die *fundamentale schöpferische Handlung des Denkens*, mit welchem es fortschreitend die Objekte des empirischen naturwissenschaftlichen Denkens generiert. Dieses Hervorbringen beinhaltet wesentlich die Anwendung der Mathematik; Mathematik selbst geht aus einer reinen Handlung der *Konstruktion* hervor, die den ersten Schritt der „ursprüngliche Produktivität" des Denkens ausdrückt (Anm. 31).

Beeinflusst von Bertrand Russell identifiziert Cassirer die Mathematik als vom Reich der reinen Logik umfasst und erachtet den Begriff der Zahl als von bestimmten formalen Eigenschaften auch schon erschöpfend dargestellt, so dass die „Zahl" ein Schulbeispiel eines rein logischen Begriffes ist. Der Gegenstand der Arithmetik beziehungsweise die Zahlentheorie steht daher *am Anfang* der genetischen Entwicklung des Denkens, weshalb *die Zahlen* wohl im Zuge der schrittweisen Annäherung an den „realen" Gegenstand, der das nie vollständige „X" ist, *„konkretisiert"* werden, *ohne je in den sinnlich repräsentierten Gegenständen „aufzugehen"* (Anm. 32).

Der Standardeinwand gegen das „Reich der Logik" lautet, dass man diesfalls geistige Strukturen im Sinne Platons annehmen müsste, die unabhängig vom menschlichen Bewusstsein „an sich" existieren. Obzwar es namhafte Mathematiker der Gegenwart gibt, die einer platonischen Struktur der Mathematik durchaus etwas abzugewinnen vermögen (Roger Penrose), kann hier nur angedeutet werden, dass es in der „Belle Epoque", der Epoche zwischen etwa 1880 und 1914, und danach noch bis jedenfalls 1931 einen heftigen und tief schürfenden Streit über die Grundlagen der Mathematik gab, der einen Höhepunkt der Geistesgeschichte darstellt und für große Teile des heutigen gebildeten Laienpublikums noch weniger zu durchschauen ist als der Umsturz in der Geschichte der Physik zwischen 1900 und 1915/1926. Der Autor dieser Zeilen nimmt sich da keineswegs aus.

Im folgenden ein kurzer Abriss des Umsturzes der Mathematik und seiner Konsequenzen, der die ungeheure Komplexität der Probleme in Ansätzen veranschaulichen soll. Jedenfalls kann man dann ermessen, wie sehr die gegenwärtige Trivialisierung durch die Annahme von Zahlen als „Erfindungen" oder gar eines „angeborenen Zahlensinns", auf den noch eingegangen werden wird, einen Rückschritt hinter eine Diskussion darstellt, die vor über hundert Jahren geführt wurde. Dass die Rückführung der Zahlen auf einen „angeborenen Zahlensinn", also die anthropologische Verflachung der *Grundlagen* der Mathematik, überhaupt akzeptiert wird, ist allerdings bezeichnend für eine *solche* Öffentlichkeit, die der gegenwärtigen Scientific Community sogar den extrem vereinfachenden *Primat der Genetik* abkauft.

Der Abriss des Umsturzes der Mathematik folgt Eric Hobsbawm, mit Umberto Eco einer der letzten Polyhistoren des zwanzigsten Jahrhunderts:

„Der Prozess der Abtrennung der Intuition von der Wissenschaft läßt sich vielleicht am extremen Beispiel der Mathematik verdeutlichen. Etwa um die Mitte des 19. Jahrhunderts begann der Fortschritt des mathematischen Denkens nicht nur Resultate hervorzubringen, die zur wirklichen Welt in Widerspruch standen, wie sie von der sinnlichen Wahrnehmung erfahren wurde, z.B. die nicht-euklidische Geometrie (...), sondern auch Resultate, die selbst für Mathematiker schockierend waren, ... Es begann die von Bourbaki so bezeichnete <Pathologie der Mathematik> (...). In der Geometrie ..., werden die unterschiedlichsten, scheinbar undenkbaren Phänomene entdeckt, z.B. Kurven ohne Tangenten. Doch die dramatischste und <unmöglichste> Entwicklung war vielleicht die Erforschung unendlicher Größen durch Cantor, wodurch eine

31

Welt geschaffen wurde, in der die intuitiven Begriffe <größer> und <kleiner> keine Geltung mehr hatten und die Regeln der Arithmetik nicht mehr zu den erwarteten Ergebnissen führten. / Ein Lösungsweg – der anschließend von der Mehrheit der Mathematiker eingeschlagen wurde – bestand darin, *die Mathematik von jedem Bezug zur realen Welt zu emanzipieren* (Hervorhebung R.L.) und aus ihr eine Weiterentwicklung von Postulaten, genauer gesagt von beliebigen Postulaten zu machen, die nur präzise genug definiert sein und untereinander ein widerspruchsfreies System bilden mußten. Von nun an fußte die Mathematik auf der rigorosen Ausschaltung des Glaubens an irgendetwas anderes als an die Regeln eines Spiels. ... (Die) Grundlagen (der Mathematik) wurden neuformuliert, indem jeder Rückgriff auf die Intuition rigoros ausgeschlossen wurde. / Das stellte die Mathematiker vor enorme psychologische und zum Teil auch denkerische Schwierigkeiten. Der Bezug der Mathematik zur Realität ließ sich nicht bestreiten, auch wenn er für die mathematischen Formalisten irrelevant war. Im 20. Jahrhundert hat selbst die <reinste> Mathematik immer wieder bestimmte Entsprechungen in der Wirklichkeit entdeckt und sogar dazu gedient, diese Welt zu erklären oder sie durch die Technik zu beherrschen. ... Welcher Art war die Beziehung zwischen dem mathematischen Spiel und dem Aufbau der wirklichen Welt, die ihm entsprach? Für die Mathematiker als Mathematiker mochte das keine Rolle spielen, doch offenbar haben selbst zahlreiche Formalisten wie der große Hilbert <1862-1943> an eine objektive mathematische Wahrheit geglaubt, d.h., es war keineswegs irrelevant, wie Mathematiker von der <Natur> der mathematischen Gebilde dachten, mit denen sie arbeiteten, oder von der <Wahrheit> ihrer Theoreme. Eine ganze Schule von <Intuitionisten>, vorweggenommen von Henri Poincare <1854-1912> und seit 1907 angeführt von dem Niederländer L. E. J. Brouwer (1882-1966), verwarf entschieden jeden Formalismus, wenn nötig um den Preis, selbst jene Triumphe mathematischen Denkens aufzugeben, deren buchstäblich unglaubliche Resultate zu einer Reformulierung der Grundlagen der Mathematik geführt hatten, und ganz besonders Cantors eigene Arbeiten über die Mengenlehre, die dieser gegen den leidenschaftlichen Widerspruch mancher Gegner in den Jahren nach 1870 veröffentlicht hatte. Die durch diesen Kampf in den eisigen Höhen des reinen Denkens entbundenen Leidenschaften sind ein Hinweis darauf, wie tief die geistige und seelische Krise reichte, die durch die Auflösung der alten Bezüge der Mathematik zu realen Welt ausgelöst wurde. / Außerdem war die Revision der Grundlagen der Mathematik an sich schon alles andere als unproblematisch, denn bereits der Versuch, sie auf strenge Definitionen und Widerspruchsfreiheit aufzubauen

(...), stieß auf Schwierigkeiten, die die Mathematik zwischen 1900 und 1930 in die <große Krise der Fundamente> stürzten (...). Der radikale Ausschluß jeder Intuition war selbst nur möglich durch eine gewisse Einengung des mathematischen Horizonts. Hinter diesem lagen die Antinomien, die jetzt von Mathematikern und mathematischen Logikern entdeckt wurden – ... – und die gravierendsten Probleme aufwarfen. Schließlich (1931) bewies der österreichische Mathematiker Kurt Gödel, daß es für bestimmte grundlegende Zwecke überhaupt nicht möglich war, Widersprüche auszuschließen: Es ist unmöglich, durch eine endliche Kette von Beweisschritten, die nicht zu Widersprüchen führen, die Widerspruchsfreiheit der Axiome der Arithmetik zu beweisen. Damals (1931; R.L.) hatten sich die Mathematiker jedoch schon daran gewöhnt, mit den Ungewißheiten ihrer Disziplin zu leben. Die Generationen der beiden Jahrzehnte nach 1890 hatten sich damit noch lange nicht abgefunden" (Anm. 33).

Auch Stegmüller setzt sich im Zuge seiner Darstellung der Philosophie Franz Brentanos mit der Begründung der Arithmetik auseinander. Er gelangt zu dem Ergebnis, dass man nur die Wahl hat, entweder einen Platonismus zu akzeptieren oder den synthetischen (im Sinne Kants, R.L.) Charakter der Arithmetik anzuerkennen (Anm. 34).

Die Trivialisierung der Grundlagen der Mathematik hebt an bei der Identifizierung der „Zahl" als „Erfindung" (Taschner) und setzt sich fort bei der Erforschung unseres „angeborenen Zahlensinns" durch die Anthropologie.

„Springers Einwürfe" in Spektrum der Wissenschaft 7/08 thematisieren das – zuallererst einmal philosophische – Problem der Kompatibilität von Mathematik und Natur mit den Worten:

„Wieso ist die Natur so mathematisch oder die Mathematik so natürlich? Dieses philosophische Rätsel wird derzeit – wie so manch anderes Jahrhundertproblem – Gegenstand der Hirnforschung."

Der vor Ehrfurcht erschauernde Leser ahnt: Es kann nur noch besser werden. Jetzt, wo sich die *Hirnforschung* des „philosophischen Rätsels" annimmt, ist dessen Lösung eine Frage der Zeit geworden; in einigen Jahrzehnten, vielleicht aber schon Jahren werden wir unendlich klüger sein. Ein Problem bloß, in welch geringem Ausmaß die Gehirnforschung ihre eigenen Grundlagen reflektiert. Aber das müsste schon wieder Gegenstand eines eigenen Traktats sein.

Um die Lösung des „philosophischen Rätsels" wurde übrigens seit spätestens Kants „Kritik der reinen Vernunft" von etlichen Philosophen gerungen. Es gibt keinen Grund anzunehmen, warum die Lösungsvorschläge, die im Laufe des achtzehnten, neunzehnten und hauptsächlich noch der ersten Hälfte des zwanzigsten Jahrhunderts von Philosophen unterbreitet wurden, bloß deshalb entbehrlich sind, weil die Gehirnforschung jedwede philosophische Reflexion vorgeblich „überholt". Es ist halt bloß äußerst mühsam, sich mit den brillanten Überlegungen zur Kompatibilität von Mathematik und Natur auseinander zu setzen, wie sie etwa im Zuge der verschiedenen Möglichkeiten der Auslegung des *theoretischen* Zweigs der Kantischen Philosophie von den neokantianischen Schulen, allen voran der Marburger Schule (Cassirer) entwickelt wurden. Oben wurden schon Grundüberlegungen des Neukantianismus zur *Konstruktion* der Mathematik und der schrittweisen Entwicklung der Erkenntnis dargestellt, die auf den *nie vollständig gegebenen realen natürlichen Gegenstand X* hin konvergiert.

Aus den philosophischen Ergebnissen des Neokantianismus folgt, dass Denken und Natur *einander immer nur asymptotisch annähern*, aber *niemals vollständig kompatibel* sein können.

Wie bekannt, brachte der Nationalsozialismus die Emigration der hellsten Köpfe in Logik und Mathematik mit sich. Die philosophische Elite des Dritten Reiches war, von Ausnahmen wie Martin Heidegger, Othmar Spann (bis 1935) oder Carl Schmitt abgesehen, zweit- oder drittklassig. Dazu kamen persönliche Feindschaften wie zwischen Heidegger und Rudolf Carnap, der, ursprünglich ein Mitglied des Wiener Kreises um Moritz Schlick, in den USA in radikaler Ablehnung spekulativer Metaphysik der analytischen angloamerikanischen Tradition zu einem ungeahnten Aufschwung verhalf, der auch dadurch charakterisiert war, dass die Philosophie nur noch als Disziplin der Logik behandelt wurde. Darin wurzelt ganz allgemein die Geringschätzung philosophischen Denkens – präzise: jedweden philosophischen Denkens außerhalb der analytischen Philosophie – durch den Mainstream der angloamerikanischen Scientific Community seit dem Zweiten Weltkrieg.

In der Nachkriegszeit brach das intellektuelle Niveau an den philosophischen Lehrstühlen im deutschen Kulturraum vollends ein. Bernulf Kanitscheider erinnert sich (Anm. 35), dass sich zur Zeit seiner Ausbildung in den Fünfzigerjahren eine eher skurrile Mischung aus deutschem Idealismus und christlicher Existenzphilosophie an den deutschen und österreichischen Hochschulen breit machte. *Restauration des Denkens auf längst überholtem Niveau war angesagt*. An beispielsweise der philosophischen Fakultät der Universität Wien dominierte bis in die Siebzigerjahre der Hegelianer Erich Heintel die

Szene. Der christliche Existentialismus war durch Leo Gabriel vertreten. Als nach 1968 allmählich die philosophische Lehre im deutschen Kulturraum wieder international zu reüssieren begann, hatte sie sich in den mit der antimetaphysisch orientierten analytischen Tradition verknüpften Materialismus der angloamerikanischen Scientific Community zu integrieren.

Die Ergebnisse der neukantischen Schulen, insbesondere der Marburger Schule, wurden – so sie überhaupt in den USA bekannt waren – von der angloamerikanischen Scientific Community aus einem grundsätzlichen Missverständnis nicht aufgegriffen: man identifizierte fälschlich die neukantianische Begriffswelt der Logik mit *platonischen, „objektiv geistigen"* Strukturen, mit *„ontologischen"* Strukturen des Geistes. *Als Reaktion auf dieses Missverständnis wanderte der Zahlenbegriff in den Zuständigkeitsbereich von Psychologie, Anthropologie und Gehirnforschung.*

Und so stehen wir nun bei „Springers Einwürfen" in Spektrum der Wissenschaft 7/08: Grundvoraussetzung für das Beziffern räumlicher Verhältnisse ist eine Gabe unseres Gehirns, so Springer, die der französische Neurowissenschaftler Stanislas Dehaene den „Zahlensinn" nennt: *eine intuitiv hergestellte Beziehung zwischen Zahl und Raum* (Hervorhebung durch R.L.) Schon dreijährige Kinder ordnen vorgesprochene Zahlen auf einer Geraden nach der Größe – kleinere Zahlen links, größere rechts. Wie man durch bildgebende Verfahren weiß, sitzt der Zahlensinn in einer bestimmten Hirnregion, die auf das Kodieren räumlicher Parameter wie Größe, Ort und Blickrichtung spezialisiert ist. In psychologischen Experimenten erwies sich dieser Zusammenhang zwischen Zahl und Raum als linear: Erwachsene ordnen Zahlen zwischen 1 und 100 auf einer endlichen Zahlenstrecke stets proportional zu deren Größe an, also 25 am Ende des ersten Viertels, 50 in der Mitte und so fort. Verallgemeinert ergibt das die vertraute Zahlengerade, auf der die natürlichen Zahlen von Null bis unendlich von links nach rechts in immer gleichem Abstand aufeinander folgen.

Um abzuklären, ob diese Linearität angeboren oder kulturell erworben ist, erforschte Dehaene den Zahlensinn bei einer am Amazonas isoliert lebenden Eingeborenengruppe. Die Mundurucu kennen nur Worte für die Zahlen 1 bis 5; bei mehr Objekten sprechen sie pauschal von „einigen" oder „vielen". Mit ihren kleinen Zahlen addieren und subtrahieren sie zuverlässig, können aber auch große Mengen mit bis zu 80 Objekten gut nach Größen ordnen – zwar nur angenähert, aber auch nicht schlechter als europäische Kontrollprobanden.

Als die Mundurucu nun ersuchsgemäß unterschiedlich große Mengen –

einmal zwischen 1 und 10, ein anderes Mal zwischen 10 und 100 – auf einem Geradenstück anzeigten, ordneten sie zur Überraschung Dehaenes die Zahlen nicht linear, sondern logarithmisch an. Bei Zahlen zwischen 1 und 10 setzten die Mundurucu also beispielsweise die 5 nicht in die Mitte der Strecke, sondern wie auf einer logarithmischen Skala mehr dem Ende zu. Auch die 50 landete nicht halbwegs zwischen 10 und 100, sondern stets näher bei 100. Da europäische Kindergartenkinder große Zahlen auf die gleiche Weise „stauchen", zieht Dehaene den Schluss: Unser *angeborener* Zahlensinn funktioniert *logarithmisch* und wird erst durch *kulturelle* Einflüsse zur *linearen* Zahlengeraden gestreckt.

Nun werfen diese Experimente verschiedene Fragen auf; mehr jedenfalls, als beantwortet wurden. Es mag schon sein, dass unser Gehirn zunächst die Zahlen logarithmisch anordnet. Doch woher kommen jene *kulturellen* Einflüsse, die diesen Zahlensinn solcher Art manipulieren können, dass er entgegen seiner angeborenen Disposition *linear* zu zählen beginnt? Ist es der Zwang objektiver Gegebenheiten, als nur durch lineares Zählen die Realität besser erfasst werden kann? Dann ist aber schleierhaft, wieso die Selektion des Gehirns im Zuge der Evolution nicht die besser angepasste lineare Zählweise ausgelesen hat. – Und was besagt schon der Umstand, dass man dank bildgebender Verfahren weiß, dass der Zahlensinn in einer bestimmten Hirnregion sitzt? *Jede* geistige Tätigkeit, also Zählen und Rechnen ebenso wie Sprechen oder Lesen, ist an bestimmte Hirnregionen gebunden, das Sprechen etwa an das ursprünglich für die Abstimmung der Feinmotorik der Hände „zuständige" Broca-Areal (Anm. 36). Das besagt im Sinne des uralten Leib-Seele Problems eben noch nicht, dass die *gleichwohl gebundene* geistige Tätigkeit sich auch schon in durch die bildgebenden Verfahren erschließbaren physikalischen, chemischen und physiologischen Gehirnvorgängen *erschöpft*.

Schließlich: der Zahlensinn soll eine *intuitiv* hergestellte Beziehung zwischen Zahl und Raum sein. Diese Bestimmung des Zahlensinns als „intuitiv" (?) *klammert sorgfältig* den ungeheuren gedanklichen Aufwand, der um die Darstellung der Beziehung von *Zahl* und *Raum* betrieben wurde – allein die Kontroverse zwischen klassischen Kantianern und den Neukantianern (die bestritten, dass, wie Kant postulierte, zwischen Sinnesempfindungen einerseits und den Verstandeskategorien – wie Kausalität oder Substantialität – andererseits die *Anschauungsformen* Raum und Zeit etabliert sind) umfasst Tausende Seiten – *aus*.

Die Aussage, *intuitiv* werde die Beziehung zwischen Zahl und Raum hergestellt, trivialisiert einmal öfter ein komplexes Problem und spricht Hohn den jahrzehntelangen philosophischen Bemühungen, *reflexiv* die in Rede stehende Beziehung abzuklären.

b) Totalitarismus allerdings als Preis dafür, den Vorrang der Philosophie vor den Wissenschaften festzuschreiben

Schon Martin Heidegger hatte in „Sein und Zeit", § 10 seine „Daseinsanalytik" *strikt abgegrenzt gegen* Anthropologie, Psychologie und Biologie. „Mit dem Hinweis auf das Fehlen einer eindeutigen, ontologisch zureichend begründeten Antwort auf die Frage nach der *Seinsart* dieses Seienden, das wir selbst sind, in der Anthropologie, Psychologie und Biologie, ist über die positive Arbeit dieser Disziplinen kein Urteil gefällt. Andrerseits muß aber immer wieder zum Bewußtsein gebracht werden, *daß diese ontologischen Fundamente nie nachträglich aus dem empirischen Material hypothetisch erschlossen werden können* (Hervorhebung durch R.L.), ..."

Heideggers Abgrenzung gegen die empirischen Wissenschaften der Anthropologie, Psychologie und Biologie wird allgemein auf seine Beeinflussung durch die so genannte „Lebensphilosophie" zurück geführt, die durch große Namen wie Friedrich Nietzsche, Henri Bergson oder Wilhelm Dilthey repräsentiert wird. Zwar war dieser Einfluss vorhanden, und hinsichtlich Dilthey wird er von Heidegger in § 10 freimütig zugegeben; doch wird man mit der Einschränkung von Heideggers frühem, in „Sein und Zeit" (1927) nieder gelegten Denken als ein Produkt der Lebensphilosophie – die sich gegen die Verwissenschaftlichung ihrer Epoche aufgelehnt habe – nicht gerecht. In „Sein und Zeit" erhebt Heidegger den Anspruch, das philosophische Fundament der abendländischen Philosophie auszuhebeln und eine völlig neue Grundlage zu errichten, die das Denken nicht bloß des *Seins des Seienden*, sondern das Denken der *Wahrheit des Seins* erfordere.

In § 8 von „Sein und Zeit" formuliert Heidegger die Aufgabe, die er sich in dem auf zwei Bände angelegten Werk gestellt hat. Der „Erste Teil", der dem tatsächlich erschienenen Buch „Sein und Zeit" entspricht, umfasst die Interpretation des Daseins auf die Zeitlichkeit und die Explikation der Zeit als des transzendentalen Horizonts der Frage nach dem Sein. Der „Zweite Teil" sollte die Grundzüge einer phänomenologischen Destruktion der Geschichte der Ontologie am Leitfaden der Problematik der Temporalität aufzeigen (und zwar näherhin im Zuge einer Auseinandersetzung mit dem – nach Auffassung

Heideggers nicht hinreichend klargelegten – ontologischen Fundament der Philosophien von Kant, Descartes und Aristoteles).

Doch der wahre Gegner, an dem Heidegger sich messen wollte, war Platon; wenn er auch Ende der Dreißigerjahre Georg Picht nach zwei Jahrzehnten intensiver Beschäftigung mit Platon gegenüber eingeräumt haben mag: „Eines muß ich Ihnen zugeben: die Struktur des platonischen Denkens ist mir vollkommen dunkel" (Anm. 1).

Wie Platons, so ist auch Heideggers Schaffen Stückwerk geblieben. Wir können nicht abschließend beurteilen, ob Heidegger Platons Denken tatsächlich *„eingeholt"* oder *„überholt"* hat im Sinne eines vereinnahmenden und übersteigenden Rückgriffs auf bestimmte Elemente des vorsokratischen Denkens. Dies alles ist von solcher Denkanstrengung und Komplexität, dass es heute ohnehin nicht zur Kenntnis genommen oder gar gewürdigt würde.

Da ist es einfacher, einen Vergleich von Heidegger mit Hegel anzustellen, der sich ebenfalls am Ende einer Epoche sah in durchaus dem Sinne, das „Ende der Geschichte" zu verkünden. Beide Denker versuchten eine umfassende Rekapitulation des Vorangegangenen, die in einen *Überstieg*, in einen Neuanfang, der zugleich *krönender Schlussstein* ist, einmünden sollte. Beide Denker wollten nach je ihrem Abtritt *nichts fundamental gedanklich Unbewältigtes* zurück lassen, und sie waren so kühn, sich zu diesem „tollen" Unterfangen zu bekennen.

Wesentlich für unsere Darstellung aber ist, dass beide Denker die Wissenschaften auf einen Rang *unterhalb* der Philosophie verwiesen, im Eintausch eben für eine gewaltige Gesamtschau über das Verhältnis von Sein zu Denken: was bei Hegel auf die *Aufhebung von Sein in Denken* hinaus läuft, bei Heidegger hingegen ganz diametral auf die Bloßlegung des grundlegendsten Verhältnisses des Daseins zur Welt als jenes der „eigentlichen" oder „uneigentlichen" *Existenz* (Anm. 37). Diese Gesamtschau wurde in engstem Konnex mit je einer Form von *Herrschaft* vollzogen: im Falle Hegels mit der preußischen Restauration nach dem Wiener Kongress, im Falle Heideggers mit der einer der beiden reinsten je realisierten Formen unumschränkter Diktatur, des Nationalsozialismus. Für unsere Zwecke ist es nun *nicht* relevant, dass selbstverständlich zwischen der preußischen Restauration nach 1815 und dem nationalsozialistischen Furor Welten klaffen, was das Ausmaß der Totalität der Herrschaft, des Totalitarismus oder einfach gesagt: die Härte der Regime anlangt.

Während Heidegger schon in relativ jungen Jahren sich zu dem Unternehmen ertüchtigte, es gewissermaßen mit der gesamten abendländischen Metaphysik aufzunehmen, erkennen wir bei Hegel den Entschluss, keine weitere geistige Fortentwicklung über sein Denken hinaus gestatten zu wollen, erst elf Jahre vor seinem Tod anlässlich seiner Vorrede zu den „Grundlinien der Philosophie des Rechts" am 25. Juni 1820:

„Um noch über das *Belehren*, wie die Welt sein soll, ein Wort zu sagen, so kommt dazu ohnehin die Philosophie immer zu spät. Als der *Gedanke* der / Welt erscheint sie erst in der Zeit, nachdem die Wirklichkeit ihren Bildungsprozeß vollendet und sich fertig gemacht hat. ... Wenn die Philosophie ihr Grau in Grau malt, dann ist eine Gestalt des Lebens alt geworden, und mit Grau in Grau läßt sie sich nicht verjüngen, sondern nur erkennen; die Eule der Minerva beginnt erst mit der einbrechenden Dämmerung ihren Flug."

Hans Joachim Störig kommentierte diese Sätze Hegels wie folgt:

„Hegel hatte, in seinen späteren Jahren immer mehr, der Meinung zugeneigt, daß die geschichtliche Entwicklung und auch die der Philosophie nun auf einem Endpunkt angekommen sei. Es war nun gewissermaßen die äußerste Hochebene erreicht, auf der man zwar noch weiterschreiten, über die man sich aber nicht mehr erheben konnte. So erschien Hegel anderen und fühlte sich selbst als der preußische Staatsphilosoph, der im Bunde mit der herrschenden Reaktion den damaligen preußischen Staat als die letzte Weisheit der welthistorischen Vernunft und sein eigenes System als die Krone aller Philosophie erklärte. ... Es schien Hegel, daß eine Art geschichtlicher Endzustand heraufgekommen sei, in welchem es dem Denken nur noch obliege, das Geschehene zu überschauen und ins reine Bewußtsein zu erheben" (Anm. 38).

Als Jüngling hatte Hegel die revolutionären Ansichten Rousseaus und Fichtes geteilt; dann war später eine Zeit gekommen, wo er ähnlich wie Schelling den Kaiser als „Weltseele" bezeichnen konnte. Über beide war er hinaus gegangen; und die Restaurationsperiode, zu der sich seine erste in Heidelberg gehaltene Vorlesung (Herbst 1816) fast wie ein Programm verhielt, erschien ihm als die größte bis dahin erreichte Annäherung an die Idee des Staates, weil hier die Souveränität des Staates, verwirklicht in dem nicht sterbenden Monarchen, vereinigt schien mit der Berechtigung des einzelnen Staatsbürgers, welcher Gesetzen gehorcht, deren Gründe er einsieht und also billigt. Ob dies formell durch Mitberatung oder materiell durch willige Befolgung geschieht (Anm. 39), das machte für Hegel keinen konstitutiven Unterschied!

Noch deutlicher tritt das Arrangement *mit*, wenn nicht gar die aufdringliche Annäherung *an* den „Zeitgeist" bei Heidegger zutage. Die Frage bleibt offen, ob und inwieweit die in „Sein und Zeit", § 10 vollzogene Abgrenzung der Daseinsanalytik – gegen Anthropologie, Psychologie und Biologie – 1927 tatsächlich bereits ihre Wurzel in Heideggers *erst 1933 offen hervor brechenden Erlösungsfantasien* hatte, die in dem Wunsch gipfelten, *einem* **Führer**, *einer* deutschen Wirklichkeit, *einem* Gesetz nunmehr *ein* ebenbürtiges abschließendes Denken, nämlich einzig und allein *seines*, hinzu zu gesellen.

Martin Heidegger wurde 1933 Rektor der Universität Freiburg im Breisgau, trat am 1. Mai 1933 der NSDAP bei und verkündete im Herbst 1933: „Der Führer selbst und allein ist die heutige und künftige deutsche Wirklichkeit und ihr Gesetz" (Anm. 40).

Sein Biograf Rüdiger Safranski berichtet, was seit Victor Farias (1987) Allgemeingut in intellektuellen Zirkeln ist: Heidegger habe in der nationalsozialistischen Bewegung eine Möglichkeit erblickt, *kollektiv* zu einer als *eigentlich* verstandenen Existenz durchzubrechen. Das deutsche Volk sollte also offenbar durch ein Stahlbad des Nihilismus hindurch zu neuen Ufern geführt werden, zu einer durch Blut und Stahl geläuterten einzig authentischen Auslegung von Sein und Welt. Bloß so ist die bezeichnendste Passage in Heideggers Rektoratsrede am 27. Mai 1933 zu verstehen:

„... Und die *geistige Welt* eines Volkes ist nicht der Überbau einer Kultur, ... sondern sie ist die Macht der tiefsten Bewahrung seiner erd- und bluthaften Kräfte als Macht der innersten Erregung und weitesten Erschütterung seines Daseins. Eine geistige Welt allein verbürgt dem Volk die Größe. Denn sie zwingt dazu, daß die ständige Entscheidung zwischen dem Willen zur Größe und dem Gewährenlassen des Verfalls das Schrittgesetz wird für den Marsch, den unser Volk in seine künftige Geschichte angetreten hat ..." (Anm. 41).

Wie Derrida aufzeigt, waren sich Heidegger und Hegel – so sehr sich auch Heidegger in „Sein und Zeit", § 82 von Hegel abzugrenzen trachtet – durchaus in bestimmter Hinsicht einig:

„Eine Abgrenzung soll die existenziale Analytik des *Daseins* von der *subjektiven* Bestimmung des Geistes abheben, man könnte auch sagen: befreien. Der existentialen Analytik wird die Aufgabe zugewiesen, die philosophische Behandlung der Frage <Was ist der Mensch?> vorzubereiten. Man muß darauf aufmerksam machen, daß sie – wie Heidegger betont – *vor* der Biologie, der Anthropologie und der Psychologie liegt. Was man auch so formulieren könnte: Sie liegt vor aller *Pneumatologie; Pneumatologie* ist der Name, den Hegel jener *rationellen Psychologie* verleiht, die er als <abstrakte Verstandesmetaphysik> kritisiert" (Anm. 42).

Noch 1927 hat Heidegger aus Gründen der Abgrenzung zu Hegel angekündigt, den Begriff des *Geistes* zu meiden (den er sodann in der Rektoratsrede 1933 doch strapazierte). „Um sagen zu können, was oder wer wir sind, scheint es unumgänglich zu sein, all die Begriffe der subjektiven oder subjektalen (...) Reihe zu vermeiden: besonders allerdings den Begriff des Geistes" (Anm. 43). Heidegger erblickt in Hegels Denken den definitiven Ausbau des Cartesianismus. Doch Descartes´ Ansatz ist nach Heidegger verfehlt: Es wäre, so Heidegger, erforderlich gewesen, zunächst das Sein des *sum* zu bestimmen, um anschließend die Seinsart der *cogitationes* definieren zu können. Indem man, wie es Descartes getan haben soll, von einem unmittelbar gegebenen ego, von einem unmittelbar gegebenen Subjekt ausgeht, verfehle man die Phänomenalität des *Daseins*. ... Solange die Idee des Subjekts ontologisch nicht erhellt wird, ist ihr *Ansatz* noch der des *subiectum* ..., also einer Substanz oder eines Substrats, selbst wenn man sich, auf der ontischen Ebene, dem, was man als *Seelensubstanz* bezeichnen könnte, entgegensetzt, dem psychischen Substantialismus oder der Verdinglichung des Bewusstseins (Anm. 44). Nach Heidegger bestimmt Hegel das Subjekt nur vermeintlich nicht-dinglich.

Welches ist die Wurzel der Interpretation, die aus dem „Wer" eine bleibende Substanz macht? Die Wurzel dieser Interpretation ist der so genannte „vulgäre" Zeitbegriff, den Heidegger Hegel unterstellt, der die Explikation der Zeit als des „transzendentalen" Horizonts der Frage nach dem Sein unterbinde oder abschneide. „Wenn man behauptet, daß das Wesen des *Daseins* in der <Existenz> liegt – gemeint ist die Bedeutung, die Heidegger dem Ausdruck verleiht –, so ist damit gesagt, daß <die Substanz des Menschen nicht der Geist als Synthese von Seele und Leib ist, sondern die Existenz>" (Anm. 45).

Für den Leser von „Sein und Zeit" scheint der Gegensatz von Heidegger und Hegel unüberwindlich, es erscheint an den Haaren herbei gezogen, eine Parallelität aufdecken zu wollen. Und doch ist eine solche gegeben. Beide Denker wollten ihre Gegenwart einem je uneinholbaren Denkgebäude von je Baal´schen Dimensionen unterjochen, einem Gebäude, wie es wohl nur ein Alfred Kubin in seiner ganzen erdrückenden Wucht mit wenigen Strichen darstellen hätte können. Dagegen große Denker wie Platon, Aristoteles, Descartes, Leibniz und Kant, von den britischen Empiristen oder Nietzsche ganz zu schweigen, ihr Denken der gänzlichen Überarbeitung oder gar Widerlegung in der jeweiligen Zukunft gegenüber bewusst offen ließen (Das ist bei Platon schon an der Form des *Dialogs* ersichtlich: dem ständigen Abwägen der aufeinander prallenden Auffassungen, die stetiger Korrektur gegenüber naturgemäß offen bleiben müssen ...)

Dem Totalitätsanspruch des Denkens von Hegel und Heidegger entsprechen zwei gemeinsame Wesenszüge dieser zunächst so gegenläufig erscheinenden Denker: die Anbiederung an die jeweils Mächtigen – war es bei Hegel der preußische Monarch, war es bei Heidegger Adolf Hitler, dessen Hände er bewunderte, wo doch ihm zufolge einzig der Mensch Hand „hat", nicht wie der Affe Hände, oder vielmehr die Hand über das Wesen des Menschen verfügt (Anm. 46) – und der Anspruch des uneinholbaren Unanfechtbarkeit durch die verachteten Wissenschaften, insbesondere der Psychologie.

III) Ist der Naturalismus der Weisheit letzter Schluss?

a) Mister Dennetts Entertainerqualitäten oder die Flachheit des modernen Naturalismus

Der philosophische Materialismus oder Naturalismus, der seine Spätblüte eigentlich im Dialektischen Materialismus erlebt haben sollte, ist die einzige verbliebene, freilich als Grundtheorem von Wissenschaftlichkeit sich verlarvende *Kampfideologie* der Gegenwart, sieht man einmal von aggressiven Spielarten von Religion wie dem Islamismus oder Sekten wie Scientology ab. Ein typischer Vertreter jener Quasi-Religion ist der stets zu Pointen und Witzchen bei seinen Vorträgen aufgelegte Mister Daniel Dennett, geboren am 28. März 1942 in Boston. Wikipedia macht sich den Scherz und stellt den „US-Philosophen" Daniel Clement Dennett als „einen der führenden Vertreter in der Philosophie des Geistes" (!) vor. Bezeichnenderweise ist eine der letzten Auszeichnungen, mit denen sein segensreiches Schaffen bedacht wurde, der „Richard-Dawkins-Award" (2007).

Es soll hier nicht auf den grotesken Versuch Dennets eingegangen werden, die kulturelle Evolution durch „Meme", das sind Analoga zu den Genen, zu erklären. Dieser Versuch ist so platt und flach wie der Rest seiner Philosophie. Dennett zufolge gibt es nichts, das nicht erschöpfend durch die Naturwissenschaften erklärt werden könnte. Geist ist ausschließlich aus empirischen Fakten zu rekonstruieren. Das ist ein Rückschritt hinter den gesunden Skeptizismus selbst eines *David Hume* --- dass Geist sich genetisch fortschreitend hin zu Natur realisiert, wie die Marburger Schule dachte, ist für Dennett intellektuell gewiss zu anspruchsvoll.

Durch Dennetts Werk bricht sich *das Ressentiment,* ganz so wie es von Nietzsche enttarnt wurde, Bahn, als Hass auf die erhabene *spiritualistische* Weltsicht eines Edmund Husserl oder Erwin Schrödinger, die den Primat des Geistes in ihrem Denken vollzogen; das Ressentiment des im Grunde genommen intellektuell zu Kurz Gekommenen, der nun die Möglichkeit des vollständigen Triumphs über geistige Größe wittert, dank des vermeintlich irreversiblen Fortschreitens von Gehirnforschung und Neurophysiologie, das eine Reduktion von Bewusstsein auf Gehirnmaterie als offenbar unausweichlich erscheinen lässt.

2003 trumpfte Dennett in einem Artikel in den „New York Times" als Sprecher einer Intellektuellengruppe namens Brights unverschämt auf:

„Die Zeit ist reif für uns Brights, uns zu bekennen. Was ist ein Bright? Ein Bright ist eine Person mit einem naturwissenschaftlichen Weltbild, frei von Übernatürlichem. Wir Brights glauben nicht an Geister, Elfen oder den Osterhasen – oder an Gott."

Zuletzt veröffentlichte Dennett „Süße Träume – Die Erforschung des Bewusstseins und der Schlaf der Philosophie" (Frankfurt am Main 2007). Schon der Titel ist selbstverständlich hämisch gemeint und soll die Verachtung des Autors für die Philosophie zum Ausdruck bringen. Das Buch wurde von Michael Springer, den wir nun schon als Verfechter der naturalistischen These vom „angeborenen Zahlensinn" kennen, rezensiert (Anm. 47). „Das Buch dreht sich vor allem um die Frage, ob naturwissenschaftliche Erklärungen ausreichen, das Wesen psychischer Erlebnisse wie Farbe, Schmerz und Ich-Bewusstsein zu erfassen./Dennett meint: Ja."

Es ist bezeichnend, dass aus naturalistischer Sicht, die Dennett und Springer teilen, die Phänomene Farbe, Schmerz und Ich-Bewusstsein in einen Topf geworfen werden. Diese Flachheit einer Gleichsetzung von Ich-Bewusstsein mit den *von ihm mit gestalteten* Phänomenen wie Farbe oder Schmerz wäre für ernst zu nehmende materialistische Philosophen wie Feuerbach und Marx noch undenkbar gewesen. Jene denkbar primitivste Variante des Materialismus brachte erst der philosophisch ambitionierte Schriftsteller Ludwig Büchner („Kraft und Stoff" 1855) auf.

Auf Dennett bezogen fährt Springer fort: „Jedenfalls ist so jemand davon überzeugt, dass uns alles Wissenswerte über die Welt mit den Mitteln der empirischen Wissenschaft zugänglich ist. Besondere geistige Substanzen, die man nicht messen und wägen kann, werden nicht gebraucht. / Dieser Standpunkt erregt heutzutage unter Wissenschaftlern kaum mehr als ein Achselzucken, und sogar viele Philosophen würden ihn tolerieren – solange nur von der großen, weiten Welt da draußen die Rede ist und nicht von unserem eigenen Innenleben. Doch genau dorthin dringt die moderne Naturwissenschaft *in Gestalt der Hirnforschung vor* (Hervorhebung R.L.) und tastet unser Eingemachtes an. Und damit hört für viele Philosophen der Spaß endgültig auf."

Wiederum blitzt hier die tiefe Ehrfurcht Springers vor der allein selig machenden Gehirnforschung auf. Doch auch die Chancen der Gehirnforschung, Prozesse in der Welt „da draußen" oder sogar im psychischen Innenleben des Menschen mit bestimmten gehirnphysiogischen Vorgängen in eine Beziehung zu setzen (im Sinne einer Korrelation, die ganz bewusst die Kausalfrage offen lässt), ändern nichts an dem gewaltigen *Rückschritt,* den der gängige Naturalismus dadurch provoziert, als selbst das Regelwerk der Mathematik nun offenbar aus empirischen Befunden rekonstruiert werden soll!

Dass wache Leser sich nicht mehr länger von der Dumpfheit des Naturalismus täuschen lassen, ersieht man aus dem Leserbrief von Dr. Markus Straub, Zürich abgedruckt in Spektrum der Wissenschaft 1/08, S. 9:

„... Das von David Chambers formulierte <Hard Problem> ... bleibt aber nach wie vor ungelöst: *Wie können die physikalischen Prozesse im Gehirn das subjektive Erleben auslösen* (Hervorhebung durch R.L.)? Oder anders gesagt: Welches ist die Verbindung zwischen Kode und Bewusstsein?/ ... Ich meine, die Brücke zwischen Kode und Bewusstsein muss ähnlich verlaufen: Das Gehirn rechnet den Kode in ein <Spektrum> um, das das bewusste Erleben darstellt. *Das Bewusstsein wäre demnach ein mathematisches Konstrukt – Virtual Reality im Sinn des Worts*" (Hervorhebung durch R.L.).

Der Begriff „Konstrukt" legt zunächst nahe, dass Bewusstsein eine Funktion des Gehirns ist, nur auf wesentlich diffizilere Weise als es sich Herren wie Dennett oder Springer vorstellen. Doch damit wird man dem Gedankengang des Leserbriefautors nicht gerecht. Das bewusste Erleben ist eine Art von <Spektrum> – das sich grundsätzlich von dem „Kode" unterscheidet, aus dem es umgerechnet wurde. Die Identifizierung des Bewusstseins als „Virtual Reality" weist den Weg: das Bewusstsein ist wesentlich eine *nichtmaterielle Struktur* so wie jede computergenerierte Erlebnislandschaft eines Avatars.

Freilich hat Dr. Straub den Kern des Problems erst offen gelegt. Ist tatsächlich das Bewusstsein ein mathematisches Konstrukt *oder verhält es sich nicht vielmehr umgekehrt*, dass Mathematik ein Konstrukt des Bewusstseins ist, ein Akt der „produktiven Synthesis" menschlichen Denkens im Sinne Ernst Cassirers (Anm. 48), ohne dass man deshalb zwingend den Geist als ontologisch eigenständige Ebene anerkennen müsste?

Kehren wir zurück zu Michael Springers Rezension von „Süße Träume". Er preist Dennetts Scharfsinn in der Auseinandersetzung mit den Dualisten. Seit Gottfried Wilhelm Leibniz kehre gewissermaßen gebetsmühlenartig immer ein bestimmtes dualistisches Argument wieder (übrigens auch in Hoimar von Ditfurths letztem Werk „Innenansichten eines Artgenossen" R.L.): „Angenommen, wir könnten uns ganz klein machen und zwischen den mikroskopischen Bausteinen des Gehirns umherspazieren; da würden wir zwar interessante physikalisch-chemische Vorgänge aus der Nähe beobachten können, aber gewiss keine Farben und Gerüche, keine Schmerzen und Erinnerungen.../ Mit diesem Argument und seinen vielen Abkömmlingen hat Dennett sich schon 1991 in seinem Hauptwerk <Consciousness Explained>, deutsch brav als <Philosophie des menschlichen Bewusstseins> erschienen, tapfer herumgeschlagen, und im vorliegenden Buch liefert er seinen Kritikern elegante Nachgefechte. Dabei zieht er ein plastisches Bild stets einer umständlichen Beweisführung vor; Gelächter im Publikum und Applaus für eine gelungene Pointe sind ihm lieber als erschöpfendes Begriffsgeplänkel."

Wir sehen also: Dennetts Entertainerqualitäten sind unschlagbar. Doch irgendwann wird es selbst Michael Springer ein wenig zu mühsam; im letzten Absatz der Rezension resümiert er nämlich, und man kann sich den Spott kaum verbeißen: „Jedenfalls ist es sehr unterhaltsam und obendrein lehrreich, Dennett zuzusehen, wie er einen dieser (dualistischen, R.L.) Ballons nach dem anderen zum Platzen bringt. Nur macht der philosophische Zauberkünstler einen großen Fehler: Er geht nicht rechtzeitig von der Bühne. Gegen Ende des Buchs, ..., häufen sich Wiederholungen – und ein wiederholter Scherz ist ein müder" ...

Auch Dennett sah sich mit jenem Problem konfrontiert, an dem *ehrliche* Materialisten wie der Nobelpreisträger der Medizin Gerald M. Edelman regelmäßig zu scheitern pflegen: dem Problem der *Qualia*, das sind die geistigen Zustände, aus denen unser *subjektives Erleben* – Gefühle, Sinneseindrücke – besteht. Edelman stellte immerhin klar, dass dem Bewusstsein eigenständige Kausalität zukommt (Anm. 49). Dennett leugnet dieses Problem. Seiner Auffassung nach handelt es sich um ein *Scheinproblem*. In „Süße Träume" führt er aus, dass zum einen die Annahme von Qualia auf bloßen Intuitionen basiere, die sich jederzeit als Trugschluss entpuppen könnten (genau so wie unser Gefühl, dass sich die Erde nicht drehe), zum anderen lasse sie sich weder mittels wissenschaftlicher Methoden beweisen, noch bringe sie irgendeinen Nutzen für die gegenwärtige Diskussion mit sich. Allein eine funktionalistische Lösung des hartnäckigen Leib-Seele Problems würde alles erklären, wonach wir derzeit fragen (Anm. 50).

Nun ist hier nicht der Ort, im Einzelnen eine Auseinandersetzung mit dem Funktionalismus zu führen; die Diskussion ist schier unerschöpflich. Der Leser ist eingeladen, sich mit der Komplexität des Themas im Internet – so wie dies der Autor tun musste – annähernd vertraut zu machen. Der harte Kern des Funktionalismus ist die Annahme, dass mentale Zustände Funktionen von materiellen Systemen sind. Mit dieser Weltsicht werden allerdings mehr Probleme aufgeworfen als gelöst. Allein Dennetts Aussage, dass die Annahme von Qualia auf bloßen *Intuitionen* beruhe, die sich gleichwohl jederzeit als Trugschluss entpuppen könnten (ja doch, die Erde dreht sich um die Sonne), schiebt die Lösung des Problems *nur um einen Schritt hinaus*: denn gerade auch falsche Intuitionen sind wiederum Qualia, also Zustände unseres subjektiven Erlebens – bloß eben mit der kosmischen Realität unvereinbare innere Zustände –, *die der Erklärung bedürfen*: warum produziert das – laut Dennett materielle System – Gehirn derartige falsche Intuitionen, wo doch das menschliche Gehirn der Gipfelpunkt der biologischen Evolution ist und dank dieser nur solche Gedanken kompatibel sein dürften, die *überlebensdienlich*, also *keine* falschen Intuitionen sind?

Nun kann man hier einwenden, dass es für das Überleben auf diesem Planeten völlig ausreicht, anzunehmen, dass die Erde flach ist und sich nicht um die Sonne dreht. Doch dann bleibt völlig offen, woher der gesamte mathematisch-naturwissenschaftliche Zweig unseres Denkens seinen Ausgang nimmt. Ist abstraktes Denken dadurch erklärbar, als das Gehirn bloß ein „spezialisiertes Überschussorgan" (?!) ist, ein „Extremorgan, das über die Sicherung des Überlebens hinausgeht" (Anm. 51)?

Was ist für Dennett überhaupt Bewusstsein? Er ist nicht sehr glücklich über die Existenz dieses Begriffs, benennt er doch seiner Auffassung nach eine bloße Illusion. Viele Erklärungen führten schon in die Irre: Bewusstsein als bloßer Hauch („Anima"), als unsterbliche Flüssigkeit, als Computer oder als Scheinwerfer, der Gedanken und Gefühle ins Zentrum unserer Auffassung rückt. Laut Dennett ist Bewusstsein so etwas wie Ruhm: wie Bewusstsein ist Ruhm keine Substanz, doch wer berühmt ist, dessen Wirkungen strahlen weit über ihn hinaus. Genauso sorgt Bewusstsein dafür, dass seine Inhalte größere Bedeutung für unsere Überlegungen gewinnen ...

Selbst innerhalb des angloamerikanischen Mainstream ist man ob der Flachheit Dennetts und seiner Konsorten zumindest irritiert. In einer Rezension über ein neues Buch von Douglas R. Hofstadter äußert sich Martin Gardner, der fünfundzwanzig Jahre lang die Kolumne „Mathematische Spielereien" in Spektrum der Wissenschaft geschrieben hat, wie folgt:

„Ich will meine Karten auf den Tisch legen. Ich gehöre zu der kleinen Gruppe der <Mysterianer>, zu denen auch die Philosophen John R. Searle (...), Thomas Nagel, Colin McGinn und Jerry Fodor sowie der Linguist Noam Chomsky, der Mathematiker Roger Penrose und einige andere zählen. Wir sind der Überzeugung, dass kein heute lebender Philosoph oder Naturwissenschaftler auch nur die nebelhafteste Ahnung davon hat, wie Bewusstsein und sein unzertrennlicher Begleiter, der freie Wille, aus einem materiellen Gehirn entstehen (was sie zweifellos tun). Wir sind überzeugt, dass kein Computer, wie wir ihn heute kennen ..., je ein Bewusstsein dessen erlangen wird, was er tut. Das stärkste Schachprogramm wird nicht wissen, dass es Schach spielt, ebenso wenig wie eine Waschmaschine weiß, dass sie Wäsche wäscht. / ... Wir halten es für den Gipfel der Selbstüberschätzung zu glauben, unser Gehirn sei der unübertreffliche Gipfel der Denkfähigkeit. Mit Sicherheit gibt es Wahrheiten, die unsere intellektuellen Fähigkeiten ebenso weit übersteigen wie unsere Weisheiten die intellektuellen Fähigkeiten einer Kuh./ Warum hat unser Universum eine mathematische Struktur? Warum gibt es sich, wie Stephen Hawking sich ausdrückte, überhaupt die Mühe, zu existieren? Warum gibt es etwas und nicht nichts? .../ Vielleicht kennen höher entwickelte Lebensformen in der Andromeda-Galaxie die Antworten. Ich kenne sie sicher nicht. Hofstadter *und Dennett* (Hervorhebung R.L.) kennen sie nicht. Und Sie, verehrter Leser, auch nicht" (Anm. 52).

Schließlich schwenkt Dennett in „Süße Träume" auf das Problem der *Intentionalität* ein, also der Fähigkeit des menschlichen Bewusstseins, Pläne zu fassen und zu verwirklichen und als Grundlage einer Entscheidung *zwischen richtig und falsch unterscheiden* zu können. Dennetts Antwort auf das Intentionalitätsproblem lautet: Ein Wesen hat dann intentionale Zustände, wenn sein Verhalten mit der intentionalen Einstellung vorausgesagt werden kann. Menschen sind in diesem Sinne intentionale Systeme – aber auch Schachcomputer haben diesen Status. Dennetts Position wird auch Instrumentalismus genannt: „Intentionalität" ist eine nützliche Fiktion (in neueren Arbeiten hat Dennett diese Einstellung teilweise revidiert).

Der Gipfelpunkt des naturalistischen Programms ist die möglichst weit voran getriebene Demontage von „Freiheit" und „Selbst".

Das Freiheitsproblem wurde seit spätestens Baruch de Spinoza in einem vierhundert Jahre währenden Ringen der europäischen Philosophie hundertfach behandelt, einmal mehr, dann wiederum weniger nachvollziehbar, aber es gibt hier einen gewaltigen Fundus, auf den man bei der Reflexion des Freiheitsproblems zurückgreifen kann. Man muss ja deshalb nicht die metaphysischen Positionen der abendländischen Philosophie teilen. Doch nichts von alldem findet sich bei Dennett. So kommt denn Dennett zu dem lächerlich in sich widersprüchlichen Schluss, dass man tatsächlich von Freiheit sprechen könne, wenn unter Freiheit das Wollen und Handeln *nach bestem Wissen und*

Gewissen verstanden wird. Wo kommen auf einmal das „beste Wissen und Gewissen" her? Wie ist die Existenz des Gewissens in einem naturalistischen Kontext überhaupt darstellbar? Hier bietet sich innerhalb des naturalistischen Kontext als ein schlüssiges Konzept die Topologie Sigmund Freuds an („Ich" – „Es" – „Über-Ich"). Selbstverständlich ist Freud außerhalb Dennetts intellektueller Kragenweite.

Das „Selbst" wird von den Naturalisten mit besonderem Argwohn belauert; ist es doch gewissermaßen die letzte Festung, innerhalb deren Mauern die geschmähten Dualisten ihre Position verteidigen, dass „Selbst" eine immaterielle Substanz sei. Laut Dennett haben die Menschen *in einem anderen Sinne* ein Selbst: In den Lebensgeschichten der Menschen bilden sich Leitmotive, Wiederholungen, heraus stechende Merkmale. So konstituiere sich ein Selbst. Dennett nennt es auch das „Zentrum der narrativen Gravitation" (die Darstellung von Dennetts Ansichten stützt sich auf http://de.wikipedia.org/wiki/Daniel_Dennett).

Nun gibt es zwar Konzepte einer derartig narrativ, also durch Erzählungen konstruierten, Identität auch außerhalb des angloamerikanischen Mainstream, z.B. Wolfgang Kraus in seiner Studie „Das erzählte Selbst. Die narrative Konstruktion von Identität in der Spätmoderne". Doch ist der Ansatz, Identität erzählend zu konstituieren, nicht geeignet, die Existenz der im Regelfall *kohärenten* Identität nachvollziehbar zu begründen (Anm. 53).

Letztlich ist Dennetts Denken so unklar, dass man nicht weiß, wie er sich eigentlich das Verhältnis unserer *Sinnesempfindungen* zu jenem Material vorstellt, das unsere Sinne affiziert. Verschiedene Aussagen seiner „Phänomenologie" lassen sich so deuten, dass unsere Empfindungen, weil subjektiv, einfach irrelevant sind, weil sie sich naturwissenschaftlich nicht schlüssig nachweisen lassen. Nun ist es aber evident, dass es je subjektive Empfindungen wie „lauwarm" gibt. Gäbe Dennett die Existenz von sich selbst erzeugenden Empfindungen zu, so würde er beim Konstruktivismus (Maturana/ Varela 1987) landen. Das will er natürlich nicht.

Das unvermeidliche Resultat von Dennetts Denken ist daher die Wiederkehr der schlichtesten aller philosophischen Erkenntnistheorien, nämlich der *Abbildtheorie.* Doch jede Abbildtheorie hat implizite metaphysische Annahmen. Die Hauptannahme, an Primitivität nicht zu überbieten (man fragt sich anlässlich der Renaissance der Abbildtheorie im modernen Naturalismus wirklich, ob an deren Proponenten wie Mister Dennett nicht die letzten vier Jahrhunderte europäischer Geistesgeschichte spurlos vorüber gegangen sind) liegt darin, dass die Wahrheit unserer sinnlichen Repräsentationen in einer Beziehung der bildlichen Ähnlichkeit zwischen ihnen und den elementaren, hinter unseren Repräsentationen liegenden „Dingen" besteht (Anm. 54).

Wie seit Kant vollkommen klar sein sollte, ist eine Beziehung zwischen den Dingen „da draußen" und unseren sinnlichen Repräsentationen *für immer unbeweisbar*. Das ist eben das Problem der Transzendenz: richtig begriffen heißt „Transzendenz" nicht „Jenseitigkeit", sondern bezieht sich auf die Welt, die j*enseits* der Grenze unseres Bewusstseins existieren soll. Edmund Husserl ging so weit, dass er die Annahme einer jenseits unseres Bewusstseins gelegenen Welt als (unnötige) *„Weltverdoppelung"* bezeichnete. Er begriff Welt als den Inbegriff aller Erscheinungs- und Abschattungsmannigfaltigkeiten. Auf diese Weise werde von Husserl der Rückfall in den naiven Realismus vermieden, ebenso wie die „unheilvolle" Weltverdoppelung des kritischen Realismus und der Repräsentationstheorie der Erkenntnis (Anm. 55).

Und der geniale Schrödinger schrieb in seinem letzten Werk: „Die Welt ist nur einmal gegeben. *Urbild und Spiegelbild sind eins* (Hervorhebung R.L.). Die in Raum und Zeit ausgedehnte Welt existiert nur in unserer Vorstellung. Daß sie außerdem noch etwas anderes sei, dafür bietet jedenfalls die Erfahrung – wie schon *Berkeley* wußte – keinen Anhaltspunkt" (Anm. 56).

Gewiss ist der *Spiritualismus,* also die Auffassung, *Bewusstsein und Welt seien identisch*, es gäbe keine Welt außerhalb unseres Bewusstseins, umstritten (das aus etlichen Milliarden Galaxien bestehende Universum, wie es uns rekonstruktiv Kosmologie und Astronomie zugänglich zu machen versuchen, soll „bloß" Inhalt unseres Bewusstsein sein?). Unbestreitbar aber ist, dass die inhärente Annahme der Abbildtheorie durch Naturalisten wie Dennett sie selbst als Metaphysiker ausweist; allerdings als sehr schlechte Metaphysiker.

Abschließend muss man noch einmal betonen, dass Daniel Dennetts schriftstellerische Tätigkeit eine unglaubliche Verflachung und Trivialisierung philosophisch sein sollenden Denkens darstellt; sie ist Ausdruck eines *echten Niedergangs*, einer Rückentwicklung *des Geistes* auf eine davor nicht gekannte *Niveaulosigkeit*. Es scheint sich hier *ganz besonders* die Ideologie zu bewähren, Komplexität um jeden Preis zu reduzieren, selbst um den Preis, den Lesern das Denken zu vergällen und die ohnehin in der globalen materialistisch-hedonistisch manipulierten Gesellschaft latent vorhandenen hasserfüllten Ressentiments gegen den Primat des Geistigen zu schüren.

b) Zur Altruismus – Debatte

Zweifellos haben Kantische (transzendentale) Ethik sowie *religiöse Systeme der Handlungsanleitung* heute in Europa einen schweren Stand. Sie gelten als nicht „authentisch", als nicht der Höhe der Zeit angemessen. Dies ist die Stunde der *hedonistischen* Ethik. Skeptiker erinnern sich, dass diese Ethik, die auf dem Postulat des größtmöglichen Glücks des einzelnen basiert, schon einmal, nämlich in der Spätantike und dann wieder im Fin de siecle, der Spätblüte der „abendländischen" Kultur 1890 bis 1914, die allein anerkannte und als „authentisch" empfundene Ethik war. Und diese Skeptiker sind auch der Meinung, dass in der Geschichte alles sich zwei Mal ereignet, das erste Mal als Tragödie und das zweite Mal als Farce. Die Farce denn ist *unsere* Dekadenzepoche, der völlig der Charme und Esprit des Fin de Siecle fehlt.

Bevor ich hier in den Stil des kulturpessimistischen Feuilletons verfalle, beziehe ich mich auf die Begründung der hedonistischen Ethik: glücklicherweise steht uns hierfür ein Interview mit Bernulf Kanitscheider zur Verfügung (Anm. 57). Kanitscheider ist ein bedeutender Philosoph und Wissenschaftstheoretiker der Gegenwart. Im Besonderen befasst er sich mit dem Verhältnis von Philosophie und den Naturwissenschaften. Wir bemühten ihn schon als Zeugen des Niveaueinbruchs an den philosophischen Fakultäten des deutschen Kulturraums nach den Katastrophen der Emigration, des Holocaust und dem elementaren Schock des Zweiten Weltkriegs, der eine nihilistische Grundstimmung aufkommen hatte lassen, die man nur mit alten, vermeintlich probaten Mitteln der europäischen Geistesgeschichte in den Griff bekommen zu können glaubte: durch den Rückgriff auf den Deutschen Idealismus, insbesondere Hegel und einen christlich gestimmten Existentialismus.

Kanitscheider promovierte 1964 in Innsbruck und habilitierte sich 1970 mit einer Arbeit über „Geometrie und Wirklichkeit." In seiner umfangreichen Vortrags- und Publikationstätigkeit spricht er sich entschieden gegen das System der *„zwei Wahrheiten"* aus. Diesem zufolge hätten die Naturwissenschaften ein abgestecktes Revier, das zum Glauben hin nicht überschritten werden dürfe. Probleme wie das Ichbewusstsein (= Seele) und das Gewissen hätten für die Naturwissenschaften tabu zu sein. Tatsächlich hat lange noch nach dem Zweiten Weltkrieg die europäische Forschergemeinde diese Grenzziehung stillschweigend akzeptiert. Das änderte sich erst, als die in den Fünfzigerjahren in den USA entwickelten *Kognitionswissenschaften* in Europa importiert wurden. Die Kognitionswissenschaften definieren ihren Gegenstand – unter Inkaufnahme einer Kontroverse mit den Gralshütern eines entweder transzendental verstandenen Geistes oder einer persönlichen Geistseele, die dualistisch auf die Materie des Gehirns einwirkt – ausdrücklich als *„mind", als das menschliche Bewusstsein* und postulieren dessen grundsätzliche *Erforschbarkeit* mit den Mitteln der Logik und der Naturwissenschaften.

„Die Natur des Geistes", so argumentiert Kanitscheider, *„fällt nicht aus der rationalen, wissenschaftlichen Analyse heraus* (Hervorhebung durch R.L.), sondern der menschliche Geist ist ein hochinteressantes Phänomen, das von beiden Seiten, von Natur- und Geisteswissenschaften symmetrisch anzugehen ist – wobei der Informationsfluss in beiden Richtungen hoch sein muss."

Tatsächlich gibt es Beispiele für sinnvolle gegenseitige Befruchtung. So wurde Sigmund Freuds Einschätzung der Relevanz des Traums für die psychische Konfliktbewältigung, ja mehr noch: für die Erhaltung der psychischen Gesundheit lange Zeit von der orthodoxen Psychiatrie und Psychologie nicht ernst genommen. Heute gibt es einen eigenen Wissenschaftszweig, der die Erkenntnisse der Psychoanalyse in der Neurologie fruchtbar zu machen sucht, nämlich die *Neuropsychoanalyse*, untrennbar verbunden mit dem Namen des US-Wissenschaftlers Mark Solms. Er konnte zeigen, dass unsere Träume in den Motivationszentren des Gehirns generiert werden; mehr noch, er *verifizierte* die als bloße „Phänomenologie" abgetane *Verdrängung, Verschiebung* und *Verdichtung* als neurologisch begründetes Geschehen, die bis dahin als ausschließlich dem psychoanalytischen Begriffsschatz zugehörig und als prinzipiell nicht verifizierbar (bzw. falsifizierbar im Sinne von Karl Poppers „Logik der Forschung") gegolten hatten.

Doch letztlich ist Kanitscheider an einer wirklichen Versöhnung von Natur- und Geisteswissenschaften nicht gelegen; er beansprucht den Primat der Naturwissenschaften. Ebenso wie seitens Dennett wird von ihm das Problem der Willensfreiheit als Scheinproblem abgetan. Und die christliche Sexualmoral fordere angesichts des menschlichen Triebpotentials viel zu viel. Das Prinzip der naturalistischen Ethik, das auf den recht verstandenen Hedonismus eines Epikur oder Lukrez zurück gehe, bestehe in der Realisierung des *gelungenen, vollendeten, erfüllten Lebens,* dies schon in Anbetracht des Umstands, dass unterlassene Glücksgefühle in keinem wie immer gearteten Jenseits nachgeholt werden könnten. Unser Leben ist aber nur dann vollendet und erfüllt, wenn wir *in Einklang mit unserer Natur* das Beste aus unseren Möglichkeiten gemacht haben – „selbstverständlich" *ohne den Menschen zu schaden, ohne andere unglücklich zu machen.*

Doch hinter dem schnoddrigen „selbstverständlich" Kanitscheiders verbirgt sich ein gewaltiges Problem: wählen wir ein zynisches Beispiel, jenes eines aufgrund massiver Persönlichkeitsentwicklungsstörungen schwer perversen, unheilbaren Triebtäters. Wenn er „in Einklang mit seiner Natur", die nun schon einmal eine sehr unglückselige ist, seine Möglichkeiten bestmöglich realisiert, nämlich etwa die Überlegenheit seiner Körperkraft im Vergleich zur Körperkraft seiner kindlichen Opfer, so bewirkt dies *zwangsläufig* einen Schaden für Mitmenschen, nämlich für die seinem Sadismus preisgegebenen Kinder; die Verwirklichung des Triebpotentials eines gestörten Täters macht mit zwingender Notwendigkeit seine Opfer unglücklich, wenn sie überhaupt mit dem Leben davonkommen.

Das Problem liegt nämlich darin, dass der Altruismus *nicht schon zwingend* mit der Verwirklichung unserer genetischen Prädispositionen verbunden ist. Ist also Altruismus eine Sache der Erziehung?

Gerne wird an dieser Stelle eingewandt, dass auch Primaten – wie vor allem die gerne mit uns verglichenen Schimpansen – altruistisches Verhalten aufweisen; dieses müsse also genetisch ausgelesen worden sein.

Gegenwärtig wird unter dem schützenden Dach des Überbaus der Genetik die Tatsache, dass der Schimpanse mit uns genetisch zu ca. 98% identisch ist, dahin bewusst missverstanden, als im Grunde ja zwischen Menschen und Schimpansen gar keine wesentlichen Unterschiede bestünden. Geflissentlich wird übersehen, dass es bei aller weitestreichenden genetischen Identität eben durchaus typisch menschliche Fertigkeiten gibt, die dem Primat der Genetik in völliger Klarheit seine Grenzen aufzeigen: denn ganz offensichtlich sind die typisch menschlichen Fähigkeiten *des episodisch-autobiografischen Gedächtnisses*, der *weitreichenden* Planung, des *argumentativen* und eben nicht bloß deskriptiven *Gebrauchs der Sprache*, des *abstrakten logisch-mathematischen Denkens* und der wissenschaftlichen und künstlerischen *Kreativität* einzigartig und sicherlich *nicht* in überwiegendem Maße durch die Gene *determiniert*, sondern durch *erworbenes Verhalten* in Vernetzung mit bestimmten *Gehirnstrukturen, die sich ihrerseits flexibel durch Rückkoppelungen an die äußeren Herausforderungen anpassen (= Epigenese)* ausgeprägt worden.

Altruistisches Verhalten bei den uns nächst verwandten Menschenaffen, den Schimpansen und Bonobos, so viel weiß man heute, ist möglich, weil es den heranwachsenden Tieren gelingt, sich in die Perspektive signifikanter Gruppenmitglieder hinein zu versetzen (Anm. 58). Sie lernen, die Auswirkungen ihrer Handlungen auf die Gemeinschaft sowie die Reaktionen anderer auf sie im Voraus abschätzen zu können – und das macht junge Schimpansen und Bonobos tatsächlich menschlichen Kindern sehr ähnlich.

Letztlich stellt sich heraus, dass Altruismus zwar doch eine starke genetische Komponente hat, die sich allerdings *erst in der Wechselwirkung mit der Umwelt* ab einem bestimmten Alter von menschlichen, aber auch Affenkindern realisiert. Exakt diesen Umstand bezeichnet Michael Tomasello, mit dessen letzten Werk wir uns schon Ende von Kapitel I befassten, als *„Schlüsselanpassung"*: es muss ein bestimmtes Ausmaß von *Vernetzung* des Gehirns *mit dem sozialen Umfeld* vorliegen, damit die genetische Disposition überhaupt *wirksam* werden kann.

Der bekannte amerikanische Primatologe Frans de Waal berichtet in seinem letzten Buch „Der Affe in uns" (München 2006), in dem er über dreißig Jahre Forschungstätigkeit zusammenfasst, von einem weiblichen Bonobo namens Kuni im Zoo von Twycross (England). Sie half einem verletzten Star wieder auf die Beine, nachdem dieser gegen eine Glasscheibe geflogen war. Das eigentlich Bemerkenswerte ist nicht einmal so sehr die Tatsache, dass Kuni sich in den Vogel hinein versetzen konnte und genau wusste, was zu tun war, sondern dass sich ihre Hilfe an eine fremde Spezies richtete (die in freier Wildbahn sogar in die Kategorie „Mittagsimbiss" gefallen wäre). Dieses so genannte zielgerichtete Helfen, wozu auch das Trösten zählt, ist laut de Waal äußerst selten in der Tierwelt, wenn auch typisch für Menschenaffen. Interessanterweise entwickelt sich bei *Menschenkindern* die Fähigkeit zu trösten zur gleichen Zeit wie jene, sich selbst im Spiegel zu erkennen, nämlich im zweiten Lebensjahr. Die Beweise verdichten sich, dass Selbsterkenntnis die Voraussetzung für Mitgefühl ist – und in dem Moment ihres Erwachens sozusagen der „Grundstein" der Moral gelegt wird. De Waal sieht eine evolutionäre Kontinuität zwischen sozialen Einzelakten Trösten, Helfen und Teilen, die Bonobos und Schimpansen beherrschen, und den komplexen moralischen Prinzipien des Menschen. Die Fähigkeit zum Hineinversetzen in den anderen macht auch die Reziprozität möglich. De Waal konnte durch seine Forschungen am Yerkes-Primatenzentrum in Atlanta statistisch nachweisen, dass Schimpansen mit Dienstleistungen handeln: Sie merken sich über einen längeren Zeitraum, wer ihnen bei der Fellpflege geholfen hat. Freundliche Helfer belohnen sie später mit einer Gegenleistung, etwa indem sie ihnen großzügiger Futter abgeben als anderen (Anm. 59).

Das Resumee, das de Waal aus seinen jahrzehntelangen Forschungen zieht, ist, dass es ein die Evolution von Primaten und Menschen gewissermaßen *übergreifendes* Moralprinzip gibt: Die goldene Regel der Moral lautet: „Was du nicht willst, das dir man tu´, das füg auch keinem andern zu."

Wie schon gesagt, gibt es schon seit einigen Jahrzehnten aufmerksame Beobachtungen altruistischen Verhaltens im Tierreich. Doch erst 1996 entdeckte der Neurologe Giacomo Rizzolatti das *neurophysiologische Substrat* des Empathievermögens sowohl von Menschen als auch Primaten, nämlich die *Spiegelneuronen* anlässlich von Experimenten mit Affen, als er messen wollte, wie deren Gehirn bei der Planung und Ausführung zielgerichteter Handlungen agiert. Diese Spiegelneuronen existieren auch im menschlichen Gehirn und sind, wie sich bald heraus stellte, unentbehrlich für das Imitationsvermögen des Säuglings, im Zuge der weiteren Entwicklung des Kindes eben für die Empathiebildung und damit untrennbar verknüpfte Intuition des Kindes. Nach den Angaben des Professors für Psychoneuroimmunologie Joachim Bauer an der Universität Freiburg im Breisgau (Anm. 60) besitzen schon Säuglinge eine Grundausstattung an Spiegelnervenzellen, durch welche sie zur Imitation von Bewegungen und Ausdrucksformen der Mutter befähigt werden. Dank dieser Neuronenverbände verbindet das heranreifende Kind mit seinem sozialen Umfeld *eine Welt gemeinsamen Verstehens,* wobei das Zustandekommen dieser Verbindung ein *intuitiver* Vorgang sei, kein durch Rechenoperationen erzielter.

Wenn Sie so wollen, sind diese Spiegelneuronen, weil so wie alle Neuronen von Genen gesteuert, *zwar die genetische Grundlage* von Imitation und Intuition und daher letztlich des *altruistischen Verhaltens*. Doch entscheidend ist, wie Bauer betont, *dass und wie diese Spiegelnervenzellen geschult und trainiert werden*. Die Nerven als solche, ohne strengste Einforderung durch die soziale Umwelt, sind wertlos und vermögen für sich allein kein altruistisches Verhalten auszubilden! Geraten Kinder in asoziale oder sozial verwahrloste Verhältnisse, besteht die Gefahr, dass sie eines altruistischen Verhaltens unfähig sind und dem „Borderline"-Syndrom anheim fallen.

Ein Gegenmanöver der Soziobiologen ließ nicht lange auf sich warten. Neuerdings sollen schon sechs und zehn Monate alte Säuglinge fähig sein, die Handlungen anderer „ethisch zu bewerten" (Anm. 61). „Sehr eindrucksvoll zeigen das jüngste Experimente der Psychologin J. Kiley Hamlin von der Yale-Universität in New Haven (Connecticut). Darin offenbarten sechs und zehn Monate alte Säuglinge eine klare Vorliebe für künstliche Wesen, die sie bei kooperativem Verhalten beobachtet hatten (...). Als solche Wesen dienten einfache geometrische Holzfiguren – Kreise, Quadrate und Dreiecke. ... Aufgeklebte große <Augen> vermittelten einen menschlichen Eindruck. / Die Wissenschaftlerin und ihre Mitarbeiter führten den Säuglingen Szenen vor, in denen eine der drei Figuren mehrfach vergeblich versuchte, einen Hügel zu erklimmen. Teils erschien danach eine zweite Figur, die den erfolglosen Kletterer hinauf schob. Teils trat aber auch ein anderes Wesen auf, das sich ihm beim Aufstiegsversuch entgegen stellte. Anschließend durften die Säuglinge nach einer der Figuren greifen. Zielsicher entschieden sie sich ganz überwiegend – die sechsmonatigen Kinder sogar ausnahmslos – für den Helfer. / Nun folgte eine andere Szene. Der Kletterer stand in der Mitte zwischen Helfer und Bösewicht und ging auf einen von beiden zu. Die Forscher registrierten, wohin die Säuglinge blickten; denn die Kleinen richten ihre Aufmerksamkeit, wie schon länger bekannt ist, bevorzugt auf unerwartete Ereignisse. Tatsächlich ruhten die Blicke der zehnmonatigen Kinder deutlich länger auf der Szene, in der sich der Kletterer dem Bösewicht zuwandte. Offenbar waren sie von diesem Verhalten überrascht. Die sechsmonatigen Säuglinge blickten dagegen auf beide Szenen gleich lang. Das bestätigt Befunde, wonach Kinder in diesem Alter noch nicht fähig sind, sich in andere hinein zu versetzen. Über soziale Urteilsfähigkeit verfügen sie jedoch bereits." (?)

IV) Logos als Ausgangspunkt der Rekonstruktion des Geistes – ein Vorschlag

a) Überlegungen zum Begriff des Logos

Denken hat dieselbe Macht wie Tun.
(*Aristophanes*)

Ein und dasselbe ist das Denken und das, um dessentwillen der Gedanke da ist.
(*Parmenides*, Fragment 8, Zeile 34 f.)

Wunder (der Schöpfung) auf Begriffe, das Sein auf das Denken beschränkt.
Psyche nicht mehr (?), nur mehr Logos.
(*Reinhard Kacianka* in museum für quellenkultur Klein St. Paul, S. 18)

„Denn der *Logos* ist Göttern und Menschen eigentümlich und unterscheidet sie vom Tier. Er ist als Vernunft das Organ des Denkens, aber auch das Denken selbst, sowie sein Erzeugnis, der Gedanke und Begriff, endlich, als ausgesprochener Begriff oder Gedanke, das Wort, die Rede" (Anm. 62). *Logos* bedeutet in der griechischen Grammatik erst einmal „(geschriebene) Rede" im Sinne ihres materiellen Gehalts von Buchstaben, Wörtern, Syntagmen und Sätzen.

In der griechischen Philosophie findet sich der Terminus bei Heraklit als eine die Welt durchwirkende (*über* den Göttern wirksame) Gesetzmäßigkeit. Der Sache nach aber gab es schon im griechischen *Mythos* eine über den Göttern wirksame Gesetzmäßigkeit, „Moira" als die unabänderliche Gewalt des Schicksals, der bereits die homerische Götterwelt unterworfen ist. Es besteht also unter diesem Gesichtspunkt nicht der schroffe Gegensatz von Mythos und Logos, wie so oft behauptet. Gerade Wilhelm Nestle, dessen fundamentalem Werk „Vom Mythos zum Logos" der Vorwurf gemacht wurde, es polarisiere Mythos und Logos zu stark, bemüht sich in Wahrheit, schon im griechischen Mythos Ansätze von Logos nachzuweisen ebenso wie Rückgriffe auf den Mythos seitens der spät aufgeklärten ionischen Denker der zweiten Hälfte des sechsten und der ersten beiden Drittel des fünften Jahrhunderts v. Chr. Er hebt mit der homerischen Religion an und zeigt die Entwicklung griechischen Denkens auf bis Sokrates.

Schon die homerische Religion präsentierte eine olympische Götterwelt, die qualitativ eine aristokratische Auslese aus dem ungeheuren Pantheon des Volksglaubens war und insofern eine *rationale* Komponente aufwies, als bereits viele primitive Vorstellungen fehlten, wie die fetischistische und totemistische Stufe, Dämonen- oder Gespensterglauben (Anm. 63). „Kein Volk stand ... seiner eigenen Überlieferung, seinen religiösen, politischen, künstlerischen Schöpfungen und Einrichtungen, allen seinen Sitten mit solch staunenswerter *Unbefangenheit* gegenüber wie das griechische. Keines hat deshalb den Weg vom Mythos zum Logos so aus eigenster Vollmacht und innerer Nötigung beschritten und zurückgelegt wie dieses, ..." (Anm. 64).

Michael Köhlmeier geht sogar so weit, Homer – wer immer das auch gewesen sein mag, „auch wenn derselbe nur ein Gedankenkonstrukt ist, kann das die Auslegung des Werks im Grunde nicht tangieren" – die *Erfindung des* (jedenfalls literarischen) *Individuums* zuzuschreiben. „Dies bereits in seinem ersten Werk, der Ilias. In der Odyssee, der größten literarischen Revolution aller Zeiten, sagt ein Erzähler zum ersten Mal Ich – womit, als logische Folge der Individuation, gleich auch die Subjektivität in der Literatur installiert wurde". Dagegen seien in den vorhomerischen Epen die Ereignisse zwar auch von Personen getragen, aber diese interessierten den Erzähler und seine Zuhörer nur insoweit, als sie eben *Träger der Ereignisse* waren und nichts darüber hinaus ... man muss sich das nach Köhlmeiers Ausführungen so vorstellen, dass das Subjekt in der Welt damals nichts Wesentlicheres an sich hatte als ein Ding, dem wir unter der Perspektive neuzeitlichen Denkens lediglich „Objekt"charakter beimessen.

Die Welt *vor* Homer war eine Welt ebenso sehr der Dinge, des Aufstiegs und Verfalls einer Stadt wie Theben („Sieben gegen Theben"), eine Welt, die uns heute nur als eine *magische* vorstellbar ist, in der ein Mann nicht mehr Ausstrahlung besitzt als sein Pferd und ein Hain unter Umständen mehr Lebensrecht genießt als eine ganze Familie; eine Welt, in der sich sich Frauen in weinende Steine verwandeln und Krieger mit Ross und Wagen von der Erde verschluckt werden. Köhlmeier zeichnet in seinem Aufsatz (Anm. 65) in groben Strichen die Geschichte des Kampfes von „History" und „Story" nach, der die Geschichte des Abendlandes prägt, der Kampf des biografisch-leidenschaftlichen Ansatzes gegen die Verklärung der Dinge.

Doch Köhlmeiers Aufsatz lässt sich, nebst bei gesagt, noch ein ganz anderer Aspekt abgewinnen, der eigentlich in das fünfte Kapitel verweist. Es gibt – das ist jedem Laien, der Teil hat am Ringen der modernen Physik bekannt – das fast ein Jahrhundert alte Ringen um das Quanteninterpretationsproblem. Also ob *das Subjekt (der Quantenphysik) die Realität erschafft* oder umgekehrt. Irgendwann stellte sich die doch einigermaßen erstaunliche Alternative, ob denn nun Lokalität und Realität überhaupt vereinbar seien. Die Formel lautete sodann, dass *Subjektivität* und Lokalität vereinbar seien, aber Realität einen holistischen, nicht-subjektiven Ansatz erfordere. Jener Physiker, der immer schon im Widerspruch zur Orthodoxie der Quantenphysik bereit war, die Lokalität aufzugeben, David Bohm, forderte seinen Gesprächspartner Paul Davies auf, sich in eine Welt vor 1000 oder 2000 Jahren zurück zu versetzen, in der „fast jeder in nichtlokalen Begriffen dachte" (Anm. 66). Diese nichtlokale Vorstellungs- und Begriffswelt ist Ausdruck des nicht fragmentierten Denkens im Mittelalter, das sich auch in einer künstlerischen Darstellung wie in Dantes Göttlicher Komödie niederschlug.

Die Achtung des gediegenen Altphilologen Nestle vor der griechischen Antike ist grenzenlos. Mag auch das mythische Denken charakterisiert sein „durch den völligen Mangel einer Prüfung seiner Vorstellungen an der Wirklichkeit, ..., durch das Suchen nach einer guten oder bösen Absicht dämonischer Wesen, durch die Spiritualisierung der Naturkräfte und die Materialisierung geistiger Inhalte und durch den Glauben an die magische Wirkung kultischer Handlungen" (Anm. 67), so betont Nestle ungeachtet dessen, dass „auch das mythische Denken der *Kausalität* nicht ganz entraten kann; aber es wendet den Begriff der Ursache noch rein willkürlich und unkritisch an". Erst sobald die *Wahrheitsfrage* gestellt werde, die schon als solche einen Zweifel in sich schließt, beginnt die Auseinandersetzung von Mythos und Logos, dann schickt sich der Logos an, die Gebilde der Phantasie auf ihren Wirklichkeitswert zu prüfen, die Vorstellung von ihren übernatürlichen, mehr oder weniger willkürlichen Weisen durch Erforschung der natürlichen Ursachen der Dinge in folgerichtigem kausalem Denken zu ersetzen, ... (Anm. 68).

Es verwundert, wie aktuell Nestle eigentlich ist. Bedenkt man die Verbreitung der Esoterik seit dem letzten Drittel des zwanzigsten Jahrhunderts, so erkennt man einen Rückfall in extrem veraltete mythische Denkstrukturen, in Dämonologie, vor der selbst ein Kurt Gödel nicht gefeit war, und den Glauben an die Macht der Magie.

Nestle jedenfalls scheut sich nicht, eine *Durchdringung von Logos und Mythos* zu konstatieren (Anm. 69). Erst im sechsten Jahrhundert v. Chr. kommt es zum Auseinandertreten beider, wobei es sich nicht so verhielt, als ob sich ein mythisch denkendes Zeitalter von einem philosophisch denkenden hätte zeitlich scharf trennen lassen. Ab dem zweiten Jahrhundert n. Chr. Erkennt Nestle eine Zeit allgemeinen Niedergangs in Form der Ausbreitung orientalischer Mystik im Römischen Reich (Anm. 70). Assoziiert man Oswald Spenglers morphologische Geschichtsauffassung, so gemahnt die Esoterikgläubigkeit der Gegenwart im Westen, aber überraschend auch im europäischen Osten seit dem Einbruch des Kommunismus 1989/1991, gleichfalls an einen allgemeinen kulturellen Niedergang.

Exkurs: Vom Mythos zum Logos (Wilhelm Nestle)

Die im Folgenden in Klammern angeführten Seitenzahlen, welche die Zitate belegen, beziehen sich auf Nestle, Stuttgart 1940.

Dem vom alten Götterglauben im Verlaufe der religiösen und sozialen Krise des 7. und 6. Jahrhundert. v. Chr. nicht mehr befriedigten griechischen Menschen boten sich *zwei Wege*: entweder jener der Mystik mit völliger Hingabe an die Gottheit und ihre Heilslehre, oder der des eigenen rationalen Denkens über Welt und Leben (S. 80).

Der westgriechische Denker Epicharmos brachte es schon denkbar früh auf den Punkt: Nüchtern sei und lerne zweifeln, denn das ist des Geistes Mark (S. 122). Ist erst einmal der Logos aus dem Mythos heraus getreten, so eröffnet sich ihm ein grundsätzlicher Unterschied in der Welt, nämlich jener von *physis* und *nomos*. Im Allgemeinen wird „physis" mit „Natur", „nomos" in „Gesetz", „Sitte", „Brauch" übersetzt.

Die Unterscheidung wird soweit ersichtlich zum ersten Mal von Heraklit getroffen. Die Natur (physis) ist für Heraklit nicht die sichtbare Welt, sondern ihr innerster Kern, die schaffende Kraft in allen Dingen. Natur steckt also in allem, auch im nomos und bildet demnach zu ihm keinen Gegensatz, sondern ist seine Ursache (S. 103). Noch bei Pindar ein Jahrhundert später ist der Nomos das über Göttern (!) und Menschen stehende erhabene und unausweichliche Gesetz des Schicksals (S. 164).

Rasch in das Blickfeld geraten jedoch die *inhaltlichen* Verschiedenheiten des nomos in räumlicher und zeitlicher Hinsicht (Protagoras, Hippias), so dass die Frage nach der *Begründung* des nomos aufbricht, wenn schon offenbar Nomos nicht auf Physis gründen zu können scheint. In der Sophistik des

5. Jahrhunderts wird es hauptsächlich darum gehen, eine haltfähige Begründung für das Gesetz, den Nomos, zu liefern. Wir kommen darauf zurück.

Merkwürdig ist, dass die griechische Philosophie nicht mit der Bekämpfung des Mythos beginnt, sondern zunächst eine Reihe positiver rationaler Welterklärungsversuche (jene der Vorsokratiker oder ionischen Naturphilosophen) unternimmt, ehe sie sich ihres Gegensatzes zum Mythos bewusst wird. Der Grund hierfür liegt offenbar in dem für die Griechen selbstverständlichen *göttlichen* Charakter der Natur selbst (S. 82). Das Denken der Vorsokratiker steht in schärfstem Gegensatz etwa zum Alten Testament, demzufolge es einen unüberschreitbaren Bruch, einen Hiatus, gibt zwischen dem Schöpfergott und der von ihm erschaffenen Natur (im wahrsten Sinn des lateinischen Begriffs „creatur").

Doch bleibt der Dualismus auch dem griechischen Denken nicht fremd. Nach orphischer Lehre sind die Menschen aus der Asche der von Zeus mit dem Blitz zerschmetterten Titanen entstanden, die den Dionysos in Stiergestalt zerrissen und verschlungen hatten. Daher stamme die Zwiespältigkeit des menschlichen Wesens, der Gegensatz zwischen seinem irdischen Bestandteil, dem Körper, und seinem göttlichen, der Seele (S. 61). Von den orphischen und pythagoräischen Lehren zieht der Körper/Seele-Dualismus seine Spur hin zu Anaxagoras, Platon und Aristoteles.

Mit voller Schärfe gelangt in der Philosophie des „ersten Sophisten", Protagoras, die *Relativität des nomos* zum Ausdruck. Ihr zufolge gibt es weder eine Ethik noch eine Staatslehre von absoluter Gültigkeit. Zwar bestimmt der nomos als formales Prinzip das ganze Leben des Menschen, doch sein Inhalt ist Menschenwerk. Ihm kommt weder Unbedingtheit noch Unvergänglichkeit zu (S. 288). Protagoras lässt dem Gesetz und Brauch eine relative Bedeutung, aber jene sind für das Handeln des Menschen nicht mehr die unbedingte Autorität (S. 300). Die Norm ist räumlich und zeitlich beschränkt. In diesem Punkt wird der wesentlich jüngere Hippias dem Protagoras nach ihrer Begegnung auf Sizilien folgen (S. 266). Die Norm ist (jedenfalls) nichts Unbedingtes, Gesetze und Sitten sind *nicht „physei"*, sondern Erfindungen (!) guter alter Gesetzgeber (S. 273).

Es verblüfft, wie rasch sich der *Voluntarismus* im Denken der Sophistik durchsetzt, ist erst einmal der Damm gegen den Relativismus geborsten. Ein unbedingtes und unveränderliches Maß des Rechts und der Sitte kann offenbar nur aus *einer* Gottheit stammend gedacht werden, ist also schon mit Polytheismus unvereinbar, was etliche religionshistorische Fragen aufwirft. Die Debatte der Relativität der Moral, entfällt erst einmal die Gottheit, ist ungebrochen aktuell bis in die Gegenwart, bis etwa aktuellen Versuchen, eine *naturalistische* Ethik auf dem Boden des Hedonismus zu gründen (Bernulf Kanitscheider).

Protagoras beharrt immerhin darauf, dass innerhalb der räumlichen und zeitlichen Beschränkungen der Nomos den Einzelnen durchaus bindet und verpflichtet. Denn es gibt kein Volk, das ohne Gesetz leben könnte; bloß ein *für alle Menschen unbedingtes*, in gleicher Weise bindendes Gesetz erkennt Protagoras nicht an, vielmehr lässt er die verschiedenen Ausprägungen des „Sittlichen" als gleichberechtigt nebeneinander stehen (S. 274).

Blieben die „älteren" Sophisten Protagoras und Gorgias noch insofern konservativ, als sie zur Achtung der Gesetze der *jeweiligen* Polis aufriefen, so kannte der Relativismus, ja sogar Nihilismus einiger „jüngerer" hauptsächlich in Athen wirkender Sophisten kein Halten mehr. Das lag zum Einen an dem den Demos zutiefst verachtenden aristokratisch-oligarchischen Denken der zahlreichen Gegner der perikleischen Demokratie des zweiten Drittels des 5. Jahrhunderts, zum Anderen sodann an dem Zerfall der seinerzeit von Solon geschaffenen Einheit von Religion und Polis im Gefolge des blutigen Peloponnesischen Krieges 431 bis 404, der mit dem Sieg des totalitären Sparta, des „Mannes" in der griechischen Kulturgeschichte über das kulturell weit überlegene „Weib" Athen endete.

Hatte noch Demokrit in seinen „Ethika" betont, dass Eintracht die Voraussetzung aller Unternehmungen sei (S. 385), lehrten einige der Schüler des Gorgias unverblümt das Recht des Stärkeren. Hippias zufolge ist Gleiches mit Gleichem von Natur verwandt; Gesetz und Brauch aber, als Gewaltherrscher über die Menschen, erzwingen vieles gegen die (menschliche) Natur (S. 367). Kallikles und Thrasymachos stehen auf dem Standpunkt, Gesetze und Sitten verlangten vieles, was gegen die Natur des Menschen ist (Anm. 71). Der Typ des rücksichtslosen Gewaltmenschen schließlich, der Menschenverachtung, Kaltschnäuzigkeit und die unbedingte Hochschätzung allein des eigenen Vorteils in sich vereint, war Menon von Thessalien, durchaus vergleichbar dem von Nietzsche im „Antichrist" verherrlichten Renaissance-Prototyp Cesare Borgia. Menon trachtete einzig und allein nach Ehre und Herrschaft, noch mehr aber nach Geld zur Befriedigung seiner Begierden (S. 336).

Das Mindeste, wozu jüngere Sophisten sich durchringen konnten, war eine völlig pragmatische Behandlung der Moral, wie sie Antiphon empfiehlt

(S. 379). Sie ergibt sich folgerichtig aus der Ethik des Protagoras, die seinem erkenntnistheoretischen Sensualismus („Der Mensch ist das Maß aller Dinge") entsprechend ein Hedonismus ist, der das Leben zu einem Rechenexempel macht, wie ein möglichst großes Maß an Lust und ein möglichst geringes von Unlust zu erreichen sei (S. 301).

Die Begründung des Nomos durch die jüngeren Sophisten wurde immer facettenreicher. Erklärte etwa Kallikles den Nomos für das Werk der minderwertigen Masse, die sich damit der Gewalt der starken Menschen erwehren wolle, so stellte sich die Sache für Kritias so dar, dass Recht und Gesetz nicht ausreichen, um die Masse in Zaum zu halten und ein geordnetes Leben der Gesellschaft zu ermöglichen: sie haben nur die Wirkung, offene Gewalt zu verhindern; im geheimen dauern die Freveltaten fort. Um auch dies abzustellen, so Kritias, *„erfand"* ein kluger Kopf die Religion. Dieser verbreitete mit bewusster Täuschung die Lehre von einer allwissenden Gottheit (theion, daimon), die selbst ins Innere des Menschen schaut. Die Erfindung der Götter durch die Menschen, wie sie als erster Diagoras von Melos vermutete (S. 416), tritt an die Stelle der psychologischen Erklärung der Religion, wobei Prodikos sie aus der Dankbarkeit für die Gaben, Demokrit sie aus der Furcht vor den Schrecknissen der Natur herleitete (S. 414).

Kritias, einer der auf Spartas Betreiben über Athen eingesetzten „Dreißig Tyrannen" (403), der aus seiner Geringschätzung des Volkes noch nie ein Hehl gemacht hatte, wollte sich aber übrigens durchaus des Mittels der Religion zur Beherrschung der Masse nicht schmälern lassen, indem er zum Verbot der freien, selbst religionsskeptischen!, Meinungsäußerung griff (S. 419). Der absurden Herrschaft der Dreißig Tyrannen wurde allerdings binnen eines Jahres durch Thrasybulos auf dem Schlachtfeld ein unrühmliches Ende bereitet.

Nirgends wird der Verfall der Religion im letzten Drittel des 5. Jahrhunderts deutlicher als im Wandel der *Tragödie* von Sophokles auf Euripides. Dem Verdikt des Sophokles „Denn bös ist nichts, was Götter je befehlen" hält Euripides entgegen: „Wenn Götter Böses tun, sind´s keine Götter" (S. 450f.).

Relativierung des Nomos, Verfall der Religion und politische Wirren bildeten das Panorama, vor dem sich das Wirken des Sokrates und das Werk von Platon durchaus im Sinne einer sowohl philosophischen als auch politischen *Reaktion* entfalteten. Platon focht seinen „Riesenkampf" nicht nur um das objektive Sein der Dinge, sondern auch (und gerade) um das Sein und Gelten *objektiver Werte*: Dem Prinzip des Protagoras, dass der Mensch das Maß aller

Dinge sei, setzte Platon die folgenden Worte entgegen: „Und so wäre denn Gott für uns im höchsten Grade der Maßstab aller geltenden Werte, in viel höherem als, wie man wohl sagt, irgendwie ein Mensch" (S. 277).

Platon unternimmt gewissermaßen den Versuch, die *moralkonstituierende* Kraft des Mythos (wie sie am Klarsten bei Hesiod hervortritt, der die Götter als sittliche Mächte begreift) zu rekonstruieren. Im Zuge einer solchen Rettung absoluter Werte muss der im Verlauf des 7. und 6. Jahrhunderts eröffnete Widerspruch zwischen Mythos und Logos (S. 80) überwunden werden. Dabei bedient sich Platon des durch die orphischen Mysterien in das Griechentum eingeführten Dualismus von Seele und Körper. Dem Christentum wird durch Platon der Weg vorgezeichnet: indem die Seele der Träger der moralischen Verantwortung des Menschen wird. Mag auch vieles an Platons komplexem Denken dunkel bleiben, so ist es ein die gesamte abendländische Kultur- und Geistesgeschichte überwölbendes Ringen um die Verankerung des absolut gültigen Werten verpflichteten Menschenlebens in der Gottheit.

Die *Stoa* sieht im Logos das Vernunftprinzip des Weltalls. Der *logos* ist der ruhende Ursprung, aus dem alle Tätigkeit hervorgeht. Er konstituiert somit sowohl die „Kausalität" als Ursache-Wirkung-Prinzip, als auch ein hiervon angeleitetes, dem alttestamentlichen Tun-Ergehen-Zusammenhang nicht unähnliches sittliches Prinzip. Im daran anknüpfenden hellenistischen Judentum bezeichnete *logos* den von Ewigkeit her gedachten Weltgedanken Gottes, *der bei der Schöpfung aus Gott herausgetreten sei* (Hervorhebung durch R.L.*)*, den so genannten Sohn Gottes, den Abglanz der göttlichen Vollkommenheit, das beim Schöpfungswerk beteiligte Mittelwesen zwischen Gott und Welt. Als *logos spermatikos* („Seelenfünklein") ist er in jedem beseelten oder vernunftbegabten Wesen von Gottes Schöpfung anzutreffen. Ebenfalls an die Stoa anknüpfend wird *logos* dann bei Johannes zum „Wort Gottes".

Das Johannesevangelium (Joh 1,1) beginnt mit den Worten: *Im Anfang war das Wort und das Wort war bei Gott und Gott war das Wort*. Im ersten Teil des Satzes ...konnte (Logos) als bloßes Attribut oder Ausfluss (...) (Gottes) verstanden werden. Durch den zweiten Teil des Satzes „... und Gott war das Wort" (im Zusammenhang) mit den späteren Worten „Und das Wort wurde Fleisch und wohnte unter uns" setzt Johannes den Logos mit Christus gleich (Anm. 72).

Wesentlich für die Rekonstruktion des Geistes aus dem Logosbegriff ist die raffiniert durchdachte Struktur des Logos im hellenistischen Judentum: ein von „Ewigkeit her gedachter" Weltgedanken Gottes, also ein in Gott in Ewigkeit bestehender Gedanken, der bei der Schöpfung aus Gott heraus tritt. Dies scheint schlichter „Ausfluss" (Emanation) zu sein im Sinne der zahlreichen antiken Emanationslehren, die uns später hauptsächlich beim Plotinismus (= Neuplatonismus) wieder begegnen. Doch der Gedanke ist viel subtiler: die Schöpfung ist nicht ein spontaner, gewissermaßen willkürlicher Akt Gottes. Logos ist vielmehr ein schon immer bestehender Gedanke, der *anlässlich* des spontanen Aktes Gottes aus diesem hervor tritt. Die Interpretation des Logos, der sich solcher Art im Kosmos dank Gottes freiem Entschluss realisiert, als „Sohn Gottes" greift offenbar zu kurz.

Das Motiv der *All-Einheit*, das russisches Denken eng mit der deutschen Spekulation verbindet und mit der Metaphysik überhaupt, ist platonischen Ursprungs, wurzelt im neuplatonischen *Nous*- und dem patristischen *Logos*-Denken (Anm. 73).

Totalität mag zwar ein Prinzip griechischen Denkens sein, doch man wird dem Logos nicht gerecht, denkt man einfach eine Identität von Gott und Welt.
    Plotins Formulierung lautet: „Jedes Wesen hat die ganze Welt in sich und schaut sie in jedem anderen Wesen, so daß alles überall ist, alles ist alles und die Herrlichkeit ist ohne Grenzen".
    Schon einige Vorsokratiker bedachten im Rahmen ihres „archaischen", weil spekulativ-kosmologischen Denkens das Verhältnis von Welt und dem Einzelnen. Diesbezügliche Denktrümmer von Aristophanes und Parmenides eröffnen dieses Kapitel. Was wir hier für eine Rekonstruktion des Geistes auf der Basis des Logos vorschlagen, benennt am präzisesten der Gegenspieler des Parmenides, nämlich Heraklit:
    „Wenn man mit Verstand reden will, muß man sich wappnen *mit diesem allen Gemeinsamen* (Hervorhebung R.L.) wie eine Stadt mit dem Gesetz und noch stärker ..." (Fragment 114).
    „Die Wachenden haben eine gemeinsame Welt, doch jeder Schlummernde wendet sich nur an seine eigene" (Fragment 89) (Anm. 74).

Jedes Wesen ist Universum, nicht „bloß" Gott; präziser: jedes Wesen ist *das* Universum. Dies ist nur dann nachzuvollziehen, wenn man eine *Abstimmung* aller Wesen, die *Herstellung einer umfassenden Übereinstimmung* aller Menschenwesen dahin unterstellt, wie dieses Universum anzuschauen oder: wie es überhaupt beschaffen sein soll. Nichts liegt nun näher als eine Beziehung eines bestimmten Zweiges *modernen* Denkens zu Heraklit und Plotin zu vermuten, nämlich des Zweiges, den das Denken der schon mehrfach zitierten Edmund

Husserl, aber auch Erwin Schrödinger ausmalt: beide identifizieren ein universelles Bewusstsein, das sich alle Menschen teilen und als welchem sich ihre „subjektiven" Anschauungen überschneiden, mit Welt: – ohne dass deshalb, wie gerne unterstellt wird, der Mensch sich zu Gott erhebt. Und beide, Husserl wie Schrödinger, verwahren sich strikt gegen die „Weltverdopplung", welche die *eine* Welt aufspaltet in eine subjektive (Berwusstseins-)Welt und eine objektive Welt. „Die in Raum und Zeit ausgedehnte Welt existiert nur in unsrer Vorstellung. Daß sie außerdem noch etwas anderes sei, dafür bietet jedenfalls die Erfahrung – wie schon *Berkeley* wußte – keinen Anhaltspunkt" (Anm. 56).

Nun gibt es also einerseits den Logos als seit Ewigkeit her schwelenden Gedanken in Gott, der sich anlässlich der Schöpfung von Gott nach außen kehrt (Hellenistisches Judentum) und andererseits den Logos = Nous als Wurzel der „All-Einheit", in der jedes Bewusstsein sich mit allen anderen darüber abstimmt, *dass und wie Welt ist*. Kann es gelingen, zwischen diesen beiden Verständnissen von Logos eine Verknüpfung herzustellen?

Hat das *Zusammendenken* des *jüdischen Ansatzes* mit *Wurzel von All-Einheit* Kraft genug, die menschliche Evolution als *transzendental-epigenetisch* zu begreifen?

Das heißt, sich in fundamentaler Weise mit dem darwinistischen Ansatz von Evolution auseinander zu setzen, der naturalistisch ist, präziser gesagt der materiellen Welt innewohnt und von dem her sich individuelles Bewusstsein *genetisch-epigenetisch* abzweigt. Zwar hat heute der Darwinismus den Rang nahezu eines Dogmas inne, doch gibt es Probleme hauptsächlich im Bereich der Makroevolution, die im Grunde ungelöst sind. So ist etwa die für die Entstehung neuer Arten notwendige Verlängerung der DNA-Ketten nicht durch Mutationen erklärbar. Doch sobald man sich in derartige Details verstrickt, für die im Rahmen dieser Polemik auch gar kein Platz wäre, stößt man auf den erbitterten Widerstand der Evolutionisten, die jedwede Skepsis gegenüber dem neodarwinistischen Weltbild als Ausgeburt der Ideologie des „intelligent design" und damit als mehr oder minder deutlich hervor tretenden Kreationismus in Pausch und Bogen verdammen. Sie befleißigen sich hiebei eines Auftretens, das einen Vergleich mit dem Verhalten der zweifellos ebenfalls hochgebildeten römischen Inquisition des 16. Jahrhunderts nahe legt.

Darwin selbst schrieb: „Wenn bewiesen werden könnte, dass irgendein komplexes Organ existiert, das unmöglich durch viele aufeinander folgende kleine Veränderungen entstanden sein kann, würde meine Theorie vollkommen zusammenbrechen." Er war sich der Schwierigkeiten bewusst, die mit dem

Nachweis der „Übergänge" zwischen den verschiedenen Komplexitätsstufen verbunden sind, und diese Schwierigkeiten sind nicht ausgeräumt worden. Darüber aber hinaus – wie selbst Ernst Mayr, der Doyen der Evolutionsforschung des 20. Jahrhunderts, in seinem letzten Werk einräumte – ist die Entstehung des Lebens überhaupt aus biologischer Sichtweise unbefriedigend erklärt (Anm. 75). Der Naturalismus hatte schon immer damit zu ringen, wie denn in die „*von unten*" erwachsenden zwei Ursachen, nämlich die materielle Ursache und die Wirkursache „*von oben*" her die Formursache und die Zweckursache einrasten, um der „potentia" zur „actualitas" (Aristoteles) zu verhelfen.

Der *transzendental-epigenetische* Ansatz kann auf der Ebene des Individuums nur so funktionieren, als das Bewusstsein, das sich im Sinne Kants mit unserer Erkenntnisart *diesseits* der Konstituierung der Gegenstände, nämlich mit seinem *Anbeginn* überhaupt beschäftigt, *indem es sich als Bedingung seiner Möglichkeit setzt* – sich mit Fortdauer des Lebens immer enger mit den „inneren" Bedingungen (hauptsächlich dem Gehirn) und den „äußeren", den in der Natur und dem sozial/kulturellen Umfeld angetroffenen Bedingungen *verschränkt* und solcher Art den individuellen *Geist* hervor bringt, *von dem her* sich individuelle Wahrnehmung, individuelles Fühlen/Denken und individuelles Handeln als Derivate entpuppen.

Um einmal etwas gewaltsam übers Knie zu brechen, bringen wir nun Heideggers Sicht des Logos in „Sein und Zeit", § 7 B zum Ausdruck und erkennen sogleich, dass bei ihm der – als metaphysische Entität allerdings zurückgewiesene – Logos das Band ist, das *übereinstimmendes, miteinander abgestimmtes* Erkennen ermöglicht:

„<Logos> als Rede besagt vielmehr soviel wie <deloun>, offenbar machen das, wovon in der Rede <die Rede> ist. ... Der <Logos> läßt etwas sehen (...), nämlich das, worüber die Rede ist und zwar für den Redenden (Medium), bzw. für die miteinander Redenden. ... Das <Wahrsein> des <Logos> als <aleuthein> besagt: das Seiende, wovon die Rede ist, ... aus seiner Verborgenheit herausnehmen und es als Unverborgenes (...) sehen lassen, entdecken" (Anm. 76).

Die griechische Sicht der Dinge ist freilich nicht subjekthaft wie jene bei Husserl und Schrödinger. In der Antike sind es *nicht* verschiedene *Subjekte*, die ihr Werk des Erkennens, des „Zurechtschlagens" von Wirklichkeit aufeinander abstimmen. Die antike Vorstellung vielmehr besteht darin, dass der Mensch und die Welt *einander* anblicken. So wird die Beziehung von Mensch und Natur allegorisch von Platon in seinem Sonnengleichnis behandelt: *Die Sonne ermöglicht die Sichtbarkeit der Gegenstände ebenso gut wie das Sehen.*

Aus dem Verborgenen herausnehmen setzt voraus, dass die Natur sich von sich aus angesichts des Menschen enthüllt. Grundlegend für die atomistische Erkenntnistheorie der Antike ist es, dass die Möglichkeit des Erkennens von den Objekten ausgeht. Demokrit hat eine ähnliche Anschauung wie Empedokles: von den Gegenständen lösen sich Bildchen („eidola") ab, die dem wahrnehmenden Subjekt zuströmen und von dessen Organen als mehr oder weniger deutlicher „Eindruck" aufgenommen werden. Aber irgend etwas muss in der Wirklichkeit einer Vorstellung, wie wir das aufgenommene Bild nennen dürfen, entsprechen (Anm. 77). Dennoch hat der Geist bei Demokrit den Vorrang gegenüber den Sinnen inne (Anm. 78), und zwar der Geist *materialistisch* gedacht, wie in der zeitgenössischen angloamerikanischen Philosophie der Begriff *mind* (mens) ja auch nicht einen Geist im spirituellen Sinne bezeichnen soll. Das Verhältnis der Sinnlichkeit zum Verstand ist jenes von „noch dunkler" und „heller, *aufklarender*" Erkenntnis. Die „dunkle Erkenntnis" der Sinne ist kein Irrtum oder Trug, sondern nur eine, freilich unzulängliche Vorstufe der „echten Erkenntnis", des Denkens.

Von einer transzendentalen Sicht der Dinge sind wir hier noch weit entfernt. Wie unter b) noch auszuführen sein wird, stellt sie sich als Konsequenz dar einer in der *Neuzeit* erfolgten *Rezeption* des anaxagoräisch/platonisch/aristotelischen *Dualismus.*

b) Theorie des Bewusstseins?

Die Verfechter einer konsistenten Theorie des Bewusstseins, das nicht in der Gehirnmaterie wurzelt bzw. im Sinne Dennetts oder Hofstadters durch die Naturwissenschaften erschöpfend erklärbar sei, beziehen sich als Hauptstütze ihrer Argumentation darauf, dass das *subjektive Erleben* auf materielles, physiologisches etc. Geschehen nicht zurück zu führen ist, sondern eine eigene Qualität besitze.

Der Begriff des sich seiner selbst bewussten individuellen Geistes wird dabei als *Einheit* aller zeitlich aufeinander folgenden als auch im Raum zersplitterten Momente des inneren Erlebens identifiziert. Die Befähigung der Wahrnehmung des *je Ganzen* (als unkörnige Struktur im Sinne Schrödingers, 1989) leitet sich demnach her von jener Funktion der menschlichen Vernunft, die Kant die *transzendentale Einheit der Apperzeption* nennt.

In der ursprünglichen kantischen Architektonik gibt das, was Kant reine allgemeine Logik nennt (die traditionelle reine Aristotelische Logik), den *begründenden Rahmen* für das *ganze System* auf höchster Ebene ab. Die traditionelle logische Theorie von Begriff, Urteil und Schluss stellt das formale systematische Gerüst zur Verfügung, auf dem Kants umfassende Synthesis aufgebaut ist. Die logischen Begriffs- und Urteilsformen generieren, wenn sie mit dem Vermögen der Sinnlichkeit (Raum und Zeit, R.L.) schematisiert sind, die Tafel der Kategorien; in weiterer Ableitung bilden sie die Grundlage für Kants Konstitutionstheorie der menschlichen sinnlichen Erfahrung der Erscheinungswelt, wie sie in der reinen Mathematik und der reinen Naturwissenschaft möglich gemacht wird. *Dieselben (!)* logischen Formen generieren, wenn man sie unabhängig vom Vermögen der Sinnlichkeit betrachtet, den Begriff eines *Noumenon* (im Unterschied zum *Phänomenon*, dem empirisch gegebenen, dem Kausalgesetz der äußeren Natur unterworfenen Ich), also eines definitionsgemäß über-individuellen Gattungs-Ich, das mit den Ideen des Unbedingten im Allgemeinen und der Freiheit im Besonderen zwingend einher geht (Anm. 79).

Und wie müssen wir uns dieses „Einher gehen" denken? Das geschieht bei Kant so: während bei Sinneseindrücken das hinter den entsprechenden *Erscheinungen* verborgene „Ding" nicht nur nicht erkannt werden kann, sondern auch ungedacht verbleiben muss, so verhält es sich völlig anders bei unseren *Handlungen*: ein *Motiv* meiner Handlung, deren Ursache sodann sich nicht restlos in ihrer Naturgesetzlichkeit erschöpft, denke ich *als Pflicht* – ein Plus gewissermaßen zu irgendeiner „natürlichen", d.h. Triebhaften Neigung – und *vollziehe* sodann, wenn ich dieses pur gedachte Motiv realisiere, *Freiheit.*

So lange der Mensch nicht umhin kommt, die Ursachen seiner Handlungen der Analyse des theoretischen Verstandes zu unterwerfen, unterliegen die Motive seines Handelns dem „Korsett" der natürlichen Instinkte und Triebe. Die „Vernunft" lehrt, dass Handlungen, die den Naturgesetzen jedenfalls unterliegen – und darunter fallen nach Kant alle *triebhaft gesteuerten* Handlungen – als notwendige Konsequenzen von naturgesetzlich determinierten Motiven gedacht werden können. Dieselbe Vernunft vermag aber auch aufzuzeigen, dass es nicht nur Erscheinungen als Ursachen von anderen Erscheinungen gibt, sondern auch die – bislang rein negativ gefassten – „Dinge an sich" als Ursachen von Erscheinungen in Betracht kommen können. Es kann nämlich Motive für Handlungen geben, deren äußeres Erscheinungsgerippe – das Geflecht der Trieb- oder Instinktmechanismen – fortgedacht werden kann, *ohne* dass zuletzt irgendwelche Naturgesetze als notwendig zu denken verblieben – weil jene Motive eben der *praktischen* Vernunft entstammen. Damit

Motive der praktischen Vernunft, das sind nach Kant hauptsächlich Pflichten, in die Tat umgesetzt werden können, ist es notwendig, Freiheit *hinzu zu denken*. Handelt der Mensch nach Maßgabe selbst auferlegter moralischer Bestimmung, so wird den *ihr entsprechenden* Handlungen gewissermaßen eine Weihe höherer Realität verliehen. Empirisch gesehen ist eine gute Handlung nicht anders denn eine schlechte Handlung; *praktisch* gesehen, ist das Handeln nach Maßgabe selbst auferlegter Bestimmung ein solches, an das der Maßstab von Gut und Böse angelegt werden kann.

Die „spekulative" Vernunft, die hier den Bezirk der Bedingungen des eigenen Wirkens absteckt, ist bei Kant stets ein Emporsteigen auf dem Gerüst der traditionellen aristotelischen Theorie von Begriff, Urteil und Schluss.

Ganz anders ist die „produktive Synthesis" bei Cassirer zu verstehen, der über die aristotelische Logik hinaus geht, indem er im Kontext der Marburger Schule eine klare und kohärente Auffassung von formaler Logik artikulierte, die mit der neuen Theorie der Relationen, die insbesondere Bertrand Russell 1903 entwickelt hatte, identifiziert wurde.

Dieser Exkurs in das kantische Denken war notwendig, weil die Wesentlichkeit des vereinheitlichenden, des auf eine *konstituierende Einheit von Denken und Handeln* abstellenden Philosophierens für jede *nicht materialistische* Weltanschauung der Neuzeit sowie der Moderne kennzeichnend ist. Das *neuzeitliche* Denken war von Descartes her auf jene *intelligible,* das heißt dem Geist immanente, Interpretation von Welt ausgerichtet, wie es sich in der transzendentalen Einheit der Apperzeption bei Kant vollendete. Eine genauere Untersuchung würde erweisen, dass der vermeintlich radikale Unterschied zwischen „res cogitans" und „res extensa", also der erkennenden inneren und der äußeren mechanischen Welt, wie ihn Descartes trifft, zu dem inneren Zusammenhang des kartesianischen mit dem kantischen Denken in keinem Widerspruch steht.

In der nachkantischen Ära zerfiel das nicht materialistische Denken in zwei Richtungen, die wir *in der Moderne* wieder antreffen und die wir mit den Namen einerseits des australischen Gehirnforschers John Eccles und andererseits des österreichischen Physikers und Philosophen Erwin Schrödinger gleichsetzen: einerseits eine Version des *platonischen Dualismus,* andererseits ein *Spiritualismus*, der an den Deutschen Idealismus Fichtes und an Husserls Denken des „transzendentalen Ego" anknüpft.

Gemeinsam ist beiden Strömungen die feste Überzeugung, dass die Einheitlichkeit des subjektiven Erlebens, die von Moment zu Moment zu einer Ganzheit innerhalb des „Ereignishorizonts" zusammengefasst wird, nicht durch die bloße Fülle ineinander verschlungener elektrischer Signal- und Befehlsströme oder durch chemische Ereignisse an den Synapsen der Nervenzellen erklärt werden kann.

Freilich fällt auf, dass die nicht materialistische Philosophie des zwanzigsten Jahrhunderts insofern vom streng transzendentalen Ansatz abrückt, als nun die Einheit nicht mehr des gesamten Denkens (der „spekulativen" Vernunft), sondern des *subjektiven individuellen Erlebens* in den Mittelpunkt gerückt wird.

Dass das so genannte Claustrum, eine blattförmige Struktur tief in der Großhirnrinde, wo sich die Informationen aus den sensorischen Rindengebieten bündeln, für die Einheitlichkeit des Erlebens verantwortlich sei, wie dies die orthodoxen Neurowissenschaften neuerdings verkünden (Anm. 80), ist die typisch materialistische Vereinfachung und Trivialisierung des Problems.

Die Wechselwirkungstheorie, wie sie im 20. Jahrhundert vornehmlich von Henry Margenau und John Eccles verfochten wurde, untersuchte die mögliche Rolle eines nicht materiellen, mentalen Ereignisses, das analog zu den Wahrscheinlichkeitsfeldern der Quantenmechanik auf Mikroareale im Gehirn einwirkt. „*Geist*" sei ein nicht materielles Feld, das nicht mit einfacheren nicht materiellen Feldern verwechselt werden dürfe wie etwa eine hydrodynamische Strömung. Alle mentalen Ereignisse und Erfahrungen seien aus noch elementareren Ereignissen zusammen gesetzt, so genannten „Psychonen". Diese Vielzahl von Psychonen steht offenbar nicht in Widerspruch zur *Einheit der Person*, wie sie Ausdruck der – unsterblichen – Psyche ist. Jedes dieser Psychonen sei reziprok und auf eindeutige Weise mit seinem jeweiligen „Dendron" verbunden (Anm. 81).

Es war den Verfechtern der (im Kern platonischen) Wechselwirkungstheorie jedoch niemals möglich, ein Forschungsprogramm zu formulieren, wie man eine Falsifizierung der Existenz von Psychonen vornehmen könnte (um dem für naturwissenschaftliche Forschung nach wie vor gültigen Popperschen Falsifikationskriterium Genüge zu tun). Wahrscheinlich ist es prinzipiell nicht möglich, eine solche den Rahmen der Naturwissenschaften sprengende Theorie den Anforderungen des Popperschen Falsifikationskriteriums zu unterwerfen.

Will man also eine Theorie eines nicht materiell erzeugten Bewusstseins entwerfen, die ohne die Wechselwirkungstheorie auskommt, so müssen folgende Bedingungen erfüllt sein: die Theorie darf nicht auf eine Außenwelt rekurrieren, mit der erst eine Übereinstimmung im Sinne einer *Korrespondenz-*

theorie der Wahrheit hergestellt werden müsste; die *Weltverdoppelung* muss aller Intuition zum Trotz verworfen werden; und die Theorie muss der *Kohärenztheorie der Wahrheit* genügen (d. h., alle Sätze über die Welt müssen in ein *in sich schlüssiges System* von Aussagen überführt werden können).

In der Gegenwart ist es eine unter Gehirnforschern, Kognitionswissenschaftlern und Neurophysiologen weit verbreitete Überzeugung, dass es nur eine Frage eines durchaus überschaubaren Zeitraums sei, das bewusste Selbst des Menschen in den *neuronalen Code* zu übersetzen, also in ein materielles, mathematisch modellierbares Geschehen. So verkündete 2007 der Leiter des Zentrums für kognitive Neurowissenschaft in Dartmouth Michael Gazzaniga, man werde schon bald den „Schaltkreisen des Selbst auf die Spur" kommen, „selbst referenzielles Gedächtnis, Selbstbeschreibung, Persönlichkeit, Ich-Bewusstsein ... Wir werden ungefähr wissen, was funktionieren muss, damit das Selbst aktiv werden kann" (Anm. 82). Die Erforscher der Einheit des Selbst konzentrieren sich dabei auf die Vernetzung von zwei bestimmten Gehirnarealen, nämlich des Praecuneus auf dem Scheitellappen und des medialen präfrontalen Cortex im Längsspalt zwischen den Hirnhälften unmittelbar hinter den Augen.

Ganz allgemein wird postuliert, dass das Bewusstsein *durch Rückkoppelungsschleifen* unterhalten werde, hauptsächlich zwischen Großhirnrinde und Thalamus. Mit der Verbesserung der Narkose befasste Mediziner stellten fest, dass sich ein einzelnes Hirnareal, von dem der Verlust des Bewusstseins unter Narkose ausgehe, nicht bestimmen lässt. Der Bewusstseinsverlust rührt vielmehr davon her, als Verbindungen zwischen etlichen Hirnregionen unterbrochen werden. Die Wissenschaftler nennen diese Unterbrechung „kognitive Entkoppelung", als würde man in einem Telefonnetz zentrale Stecker heraus ziehen, wie es die Anästhesiologin Beverley A. Orser formuliert (Anm. 83).

Ungemein anschaulich machen das Phänomen der kognitiven Entkoppelung die gespenstischen Fälle von im Wachkoma liegenden Patienten. Während das typische Koma dem Zustand tiefer Bewusstlosigkeit entspricht, ist der Zustand im Wachkoma wesentlich komplexer. Diese Patienten durchleben Schlaf- und Wachzyklen, sie können jedoch weder denken noch fühlen. Wenn sie wach zu sein scheinen, halten sie die Augen offen; sie bewegen sich auch gelegentlich, doch fixieren sie nichts länger (d.h., sie sind nicht fähig, auf irgendwelche Gegenstände ihre *Aufmerksamkeit* zu richten). Hochgradig irritierend wirken Spontanregungen wie mit den Zähnen knirschen, Schlucken, Weinen, Stöhnen, Lächeln, ja selbst eine ihnen gereichte Hand erfassen. Der Zustand des Wachkoma lädt geradezu ein zu erforschen, ob diese Patienten in ihrem Dämmerzustand etwas *subjektiv erleben*. So stellte sich heraus, dass die Aktivität der elektrischen Muster im Gehirn im traumlosen Schlaf eines Gesunden langsamer als bei Wachkomapatienten ist. Dies nährt die Vermutung, dass ein im Wachkoma befindlicher Patient *träumen* kann.

Untersuchungen des Gehirnstoffwechsels, gemessen am Glukoseumsatz, ergaben keine signifikanten Unterschiede zwischen Patienten und Gesunden. Schließlich entpuppte sich die entscheidende Abweichung insofern, als bei Gesunden zwischen den so genannten assoziativen Rindengebieten von Stirn- und Scheitellappen, einem weit verzweigten Netz *für die Verarbeitung von Sinneseindrücken* einerseits und tiefer liegenden Regionen des Gehirns, vor allem dem Thalamus andererseits *Rückschleifen* bestehen, die bei den Kranken „still gelegt" waren. Erwacht ein Patient aus dem bloß vegetativen Zustand, so nimmt das Netz der Stirn- und Scheitelrindengebiete wieder seine Arbeit auf, ebenso wird die Rückschleife zwischen diesen Gebieten einerseits und hauptsächlich dem Thalamus andererseits wieder aktiviert (Anm. 84).

Der kolumbianische Neurowissenschaftler Rodolfo Llinas entwickelte eine Theorie zwei einander ergänzender Schleifen, die zusammen wirken, damit Bewusstsein unterhalten wird: ein „spezifisches" System für den Bewusstseinsinhalt, ein „unspezifisches" für „Wachsein" (im Sinne hier nicht des Wachseins von Wachkomapatienten, sondern trivial: luzid sein) und Aufmerksamkeit. Beim Träumen soll nach Llinas nur die erste der beiden Schleifen funktionieren. Die zweite erhält von außen keinen Input, weil von dort keine Sinnessignale ankommen (Anm. 85).

Die These von Llinas widerspricht der Annahme, dass Wachkomapatienten träumen können. Denn Träumen erfordert nach diesem Modell die Funktionstüchtigkeit zumindest einer von zwei Schleifen. Nach den vorhin angeführten Forschungsergebnissen beruht der vegetative Zustand des im Wachkoma befindlichen Kranken auf dem *Fehlen jedweder Rückkoppelung* zwischen den assoziativen Rindengebieten einerseits und hauptsächlich dem Thalamus andererseits.

Der neurophysiologische Reduktionismus im Sinne Gazzanigas erklärt, wie sich aus den vorgestellten Modellen ergibt, das Auftreten von Bewusstsein nicht als *Emergenz* (neu erscheinendes Produkt) der Rückkoppelungsschleifen – sei es jene zwischen Praecuneus und medialem präfrontalem Cortex oder allgemeiner gefasst jene zwischen Großhirnrinde und Thalamus –, sondern als Konsequenz des Umstands, dass im Falle des Wachkoma-Modells sämtliche Schleifen, im Falle des Modells von Llinas eine von zwei Schleifen jedenfalls von Sinneseindrücken gespeist werden, also die Existenz einer realen Außenwelt, von welcher die Sinneseindrücke stammen, in je das Rückschleifenmodell bereits aufgenommen ist, jeweils implizit voraus gesetzt wird. Ohne diese *einfach unterstellte* reale Außenwelt bräche das Schleifenmodell sofort in sich zusammen. Der neurophysiologische Reduktionismus erklärt also das Bewusstsein mit der Existenz *jener* Außenwelt, deren Wahrgenommenwerden und Begreifen im weitesten Sinn des Wortes eine *Funktion* eben des zu erklärenden Bewusstseins ist ... hier liegt ein klassischer logischer Zirkel vor.

Eine Koryphäe der Gehirnforschung, der überzeugte Materialist Christof Koch, bedauert denn auch (nur folgerichtig) das Fehlen einer konsistenten Theorie des Bewusstseins, „... mit der wir gestützt auf physiologische Daten vorhersagen können, wo (bewusstes) Erleben womöglich noch auftritt: bei Fliegen, Hunden, Ungeborenen, nicht ansprechbaren Alzheimerpatienten oder gar dem World Wide Web?" (Anm. 86).

Ob Fliegen Bewusstsein besitzen, wird weitgehend verneint. Hunde besitzen zwar ganz offensichtlich Bewusstsein, weil sie ein Zentralnervensystem besitzen, das die nötige biologische Grundlage für einfaches Bewusstsein ist; sie erinnern sich aber keiner individuellen Biografie, weil sie auf hierfür nötige Bewusstseinsspeicher, die erst im Neocortex des Menschen in ausreichendem Maße ausgeprägt sind, nicht zurückgreifen können. Der Fötus entwickelt wahrscheinlich schon erste Spuren einer Biografie, es vernetzen sich zusehends Rückkoppelungsprozesse zwischen der sich ausfaltenden Großhirnrinde und dem Hippocampus. – Bei Alzheimerpatienten aber ist eben diese

Vernetzung der Gehirnareale nicht mehr möglich: bei ihnen falten sich Proteine in den Neuronen falsch, weil das Selbst-System aus noch nicht vollständig erforschten Gründen grenzenlos überlastet wurde, die dadurch entstandenen Eiweißabfälle („Plaques") schädigen zuerst den Hippocampus und den Praecuneus (Anm. 87). Dadurch bricht das autobiografisch-episodische Gedächtnis zusammen, der individuelle Geist kann auf keine Erinnerungen seiner selbst zurück greifen und verliert seine Identität.

Die Theorie des nicht materiell erzeugten Bewusstseins behauptet nicht, dass das Bewusstsein eine eigenständige *substantielle* Wesenheit sei. Bewusstsein ist transzendental, aber auch Funktion, sofern es Funktion komplexer Rückschleifenmodelle ist.

Setzt sich Bewusstsein transzendental, gerät das Problem der *Kohärenz* ins Blickfeld. Es gibt die Auffassung von „subjektiver" Wahrheit. Diese ist im

Kern eine bloß psychologische Annahme, dass jeder Mensch in seinem Erleben, durchaus ohne sich zu verstellen, von der „objektiven" Wahrheit „da draußen" abweicht. Doch sollte man auf *philosophischer Ebene* „Kohärenz", und zwar im Sinne der Kohärenztheorie der Wahrheit, nicht bloß in einer vermeintlichen irgendwie inhärenten Wahrheit des Subjekts gründen wollen im Gegensatz zur aristotelisch-scholastischen „adaequatio intellectus ad rem". Das Denken der Kohärenz ist zutiefst unaristotelisch, wurzelt vielmehr im spiritualistischen Monismus Fichtes und Hegels. Misst der Geist seine Wahrheit an und in sich selbst, so tritt an die Stelle der Logik des Aristoteles *die Dialektik*.

Die Korrespondenztheorie der Wahrheit, die das Zutagefördern der Wahrheit durch das Herstellen einer *Übereinstimmung* zwischen dem *Verstand* (intellectus) und den *„Dingen draußen"* (res) fordert, impliziert das Bestehen der Welt (auch) ohne uns. Erst mit dem Aufkommen der Kohärenztheorie der Wahrheit wird für die Existenz von Welt *das Bestehen des* (transzendentalen) *Bewusstseins des Menschen* unabdingbar.

Es ist ein Irrtum zu glauben, die Kohärenztheorie der Wahrheit setze bereits ein mit der Initiation des Subiectum zum Beginn der Neuzeit. Vielmehr, so analysiert Heidegger in Sein und Zeit § 6, wird unter Zugrundelegung durchaus noch der aristotelischen Korrespondenz ein Dualismus, der bezeichnend ist für das griechische Denken, in die Neuzeit verpflanzt. Dieser antike Dualismus wurzelt im Denken des Anaxagoras, der als „oberstes Formprinzip" der Annahme des „Nous" als einer „aparten, bewegenden und die Formierung" der Ur-Teilchen der sinnenfällig erscheinenden Stoffe veranlassenden Potenz „nicht entraten mochte, obzwar er im einzelnen alles mechanisch erklären wollte" (Anm. 88). Obwohl „Nous", den wir in ständiger Tradition mit „Geist" übersetzen, für sich und von der Materie getrennt ist, wohnt er doch den beseelten Wesen inne, *ohne sich jedoch mit ihre*r *Körperlichkeit zu vermischen* (Anm. 89). Anaxagoras nahm unzählige teilbare, *qualitativ verschiedene* Urstoffe äußerster Kleinheit an, die von Anfang an von Nous in Bewegung gesetzt würden, und schied so (wohl beeinflusst von den orphischen und pythagoräischen Mysterien?) zwischen Materie und Geist (Anm. 90).

Aristoteles noch unterscheidet zwischen „aktivem" und „passivem" Nous, dem überindividuellen und dem individuellen „Geist". Dieser anaxagoreisch-aristotelische Dualismus, von Heidegger als Element der Nichtbewältigung von „Sein" ausgewiesen, kehrt nun, in verblüffendem Verhaftetbleiben in mittelalterlicher Ontologie, (schon) wieder in der Unterscheidung des Descartes von „res cogitans" und „res extensa". Die aristotelische Subjekt-Prädikaten-

Logik durchzieht das neuzeitliche Denken durchaus noch *bis einschließlich Kant.*

Offenbar von Fichte, hauptsächlich aber von Hegel – zunächst uneingestanden – geprägt, überwinden die Neukantianer, allen voran Cassirer, die Korrespondenztheorie und verhelfen der Kohärenztheorie der Wahrheit zum Durchbruch. Cassirer arbeitet in „Substanzbegriff und Funktionsbegriff" (1910) heraus, dass die sich aus der Korrespondenztheorie der Wahrheit herleitende metaphysische „Abbildtheorie" der Erkenntnis, nach welcher die Wahrheit unserer sinnlichen Repräsentationen in einer *(für immer unbeweisbaren)* Beziehung der bildlichen Ähnlichkeit zwischen ihnen und den elementaren, hinter unseren Repräsentationen liegenden „Dingen" oder Substanzen besteht (Anm. 54), einer kritischen Theorie weichen muss.

Dieser kritischen Theorie zufolge erlangen die sinnlichen Repräsentationen Wahrheit „kraft der Einbettung unserer sinnlichen Vorstellungen und der empirischen Phänomene selbst (!) in eine ideale formale Struktur mathematischer Beziehungen – in der die *Stabilität* von mathematisch formulierten *universellen Gesetzen* den Platz der fortdauernden *Substrate* der elementaren *Dinge* einnimmt" (Anm. 91).

Cassirers kohärenztheoretisches Konzept der Wahrheit wird gestützt durch Helmholtz' Zeichentheorie (Anm. 91), sowie Moritz Schlicks markanten Worten: „So zerschmilzt der Begriff der Übereinstimmung vor den Strahlen der Analyse, insofern er Gleichheit oder Ähnlichkeit bedeuten soll, und was von ihm übrig bleibt, ist allein die eindeutige Zuordnung. In ihr besteht das Verhältnis der wahren Urteile zur Wirklichkeit, und all jene naiven Theorien, nach denen unsere Urteile und Begriffe die Welt irgendwie abbilden können, sind gründlich zerstört" (Anm. 92).

Paradoxerweise hieß Heidegger, der die Rezeption des anaxagoräischen Dualismus durch die cartesische Unterscheidung von res cogitans und res extensa verwarf, in keiner Weise die Überwindung der aristotelischen Subjekt-Prädikaten-Logik durch die kohärenztheoretischen Modelle des Neukantianismus gut, die freilich die gegebene Mannigfaltigkeit der Empfindungen durch den methodischen Fortschritt der mathematischen Naturwissenschaft ersetzen (Anm. 93). Heidegger hielt an einer vom konkreten Subjekt *unabhängig* bestehenden Gegenstandswelt fest und bestimmte das Verhältnis des Daseins zur Welt zuallererst praktisch und pragmatisch (Anm. 94). Im Zuge seiner so genannten „Kehre" formulierte Heidegger in der „Einführung in die Metaphysik"

(1935) einen scharfen Angriff auf die neukantianische Position (konkret eine Antwort auf eine Attacke des Neukantianers und späteren Begründers der analytischen Philosophie Rudolf Carnap). Heidegger erklärt zunächst, wie das philosophische Verständnis des Seins nach dem Zusammenbruch des Deutschen Idealismus in der zweiten Hälfte des 19. Jahrhunderts zur Erörterung des „ist" verkommen ist, der logischen Erörterung der Kopula im Aussagesatz.

Dann setzt er fort:

„Noch weiter geht in der, in gewisser Weise seit *Aristoteles* vorgezeichneten Richtung, das <Seyn> aus dem <ist> des Satzes zu bestimmen und d. h. schließlich zu vernichten, eine Denkrichtung, ... Hier soll die bisherige Logik mit den Mitteln der Mathematik und des mathematischen Calculs allererst streng wissenschaftlich begründet und ausgebaut werden, um so dann eine <logisch korrekte> Sprache aufzubauen, in der die Sätze der Metaphysik, die alle Scheinsätze sind, künftig unmöglich werden. ... Hier vollzieht sich die äußerste Verflachung und Entwurzelung der überlieferten Urteilslehre unter dem Schein mathematischer Wissenschaftlichkeit. Hier werden die letzten Folgerungen eines Denkens zu Ende gebracht, das mit *Descartes* einsetzte, für den bereits Wahrheit nicht mehr Offenbarkeit des Seienden war und demzufolge Einfügung und Gründung des Daseins in das eröffnende Seiende, sondern Wahrheit umgeleitet zu *Gewißheit* – zur bloßen Sicherung des Denkens, und zwar des mathematischen gegen all das von diesem nicht Denkbare. ... All dies sind nur die letzten Folgen der scheinbar nur grammatischen Angelegenheit, daß das Seyn aus dem <ist> begriffen und das <ist> je nach der Auffassung vom Satz und vom Denken ausgelegt wird" (Anm. 95).

V. Auf der Jagd nach der Weltformel oder die Suche nach dem heiligen Gral

a) Haucht die Weltformel sich selbst auch schon Realität ein?

Esoterik kommt von griech. „esoterikos" = innerlich. Eine für einen begrenzten „inneren" Personenkreis bestimmte Lehre. Es fragt sich, ob nicht die gegenwärtige Kosmologie im Begriff ist, in Esoterik auszuarten.

Inzwischen wächst die Skepsis, ob wir jemals die Weltformel finden werden, also den mathematisch formulierten Inbegriff der „Großen Vereinheitlichten Theorie", die sowohl die Allgemeine Relativitätstheorie als auch die Quantenphysik umfasst. Einige Schritte hin zur „Unified Theory" wurden schon realisiert. So gelang die mathematische Vereinheitlichung von „schwacher Kraft", die für die Radioaktivität „verantwortlich" ist, und der elektromagnetischen Wechselwirkung schon in den sechziger Jahren. Schließlich brachte man es sogar zuwege, diese „elektroschwache" Kraft mit der starken Kraft, das ist jene Kraft, welche den Atomkern zusammenhält, zu verknüpfen.

Doch der *Hiatus*, der Abgrund der Größenordnungen, eröffnet sich zwischen einerseits den genannten drei Kräften und andererseits der Schwerkraft. Seit den Achtzigerjahren versucht man intensiv, dieses so genannte *Hierarchieproblem* zu lösen. So ist die Gravitationsanziehung zwischen zwei Elektronen zehn hoch dreiundvierzig Mal schwächer als die elektrische Abstoßung zwischen ihnen. Die Elektronmasse müsste zehn hoch zweiundzwanzig Mal so groß sein wie ihr tatsächlicher Wert, damit Schwerkraft und elektrische Wechselwirkung gleich stark wären (Anm. 96).

Dieser Abgrund zwischen den Größenordnungen ist so groß und scheint so unüberbrückbar, dass mittlerweile namhafteste Physiker schon die Hoffnung, eine Weltformel zu finden, aufgegeben haben, wie Lisa Randall (Harvard) und Stephen Hawking (Cambridge, England).

Die Philosophie – vgl. oben Kapitel II – befasste sich eingehend zu Beginn des zwanzigsten Jahrhunderts mit dem Verhältnis von Mathematik und sinnlicher Realität. Die ungeheure Verkomplizierung, die die Schlussfolgerungen der Quantenphysik für Verständnis und Auslegung des *Realitätsbegriffs* bedeuteten, erfasste als einer der ersten das letzte Oberhaupt der Marburger Schule des Neukantianismus, Ernst Cassirer, indem er die von den physikalischen Gesetzen regierte Realität *als bloß asymptotischer Annäherung zugängliche* Struktur konzipierte: „Erst wenn wir begriffen haben, daß dieselben Grundsynthesen, auf denen Logik und Mathematik beruhen, auch den wissenschaftlichen Aufbau der Erfahrungserkenntnis beherrschen, daß erst sie uns ermöglichen, von einer festen gesetzlichen Ordnung unter Erscheinungen und *somit von ihrer gegenständlichen Bedeutung* (Hervorhebung durch R.L.) zu sprechen: erst dann ist die wahre Rechtfertigung der Prinzipien (der Logik und der Mathematik) erreicht" (Anm. 97). „Der *Gegenstand der Erkenntnis*", so Cassirer, *„im Sinne der <Realität>*, die allem reinen Denken *gegenübersteht* (Hervorhebungen durch R.L.), ist einfach nur der ideale Grenzwert – das nie vollständig gegebene X –, auf das hin der methodologische Fortschritt der Wissenschaft konvergiert. So gibt es also überhaupt kein <vor-begriffliches> Mannigfaltiges der Empfindungen, das unabhängig vom reinen Denken existiert" (Anm. 98).

Cassirer zufolge gibt es eine unendliche methodologische Reihe, der entlang wir uns von den rein abstrakten („relationalen") Strukturen der reinen Logik und Mathematik hin bewegen zur konkreten empirischen Welt der sinnlichen Wahrnehmung. Doch diese sinnliche Realität ist *keine abgetrennte Wirklichkeit,* die irgendwie außerhalb dieser methodologischen Reihe existiert; vielmehr ist sie einfach die vollständig bestimmte und komplette *Grenzstruktur*, auf die hin die Reihe konvergiert (Anm. 99).

Die Welt der Elementarteilchen ist fundamental *unanschaulich,* sie ist nicht *sinnlich gegeben.* Doch so wenig anschaulich und so intuitiv befremdend die Quantenphysik ist, so wurden bislang immer noch ihre Behauptungen experimentell bestätigt.

1926 widerfuhr sogar einem der Begründer der Quantenmechanik, Erwin Schrödinger, das Erlebnis, dass eine an *Anschaulichkeit* orientierte Interpretation seiner Gleichung, der so genannten Schrödingergleichung, völlig fehl geht. Er stellte sich unter den „Übergängen" des Elektrons aus einem Energiezustand in den anderen etwas Ähnliches vor, wie wenn die Schwingung einer Violinsaite sich von einem Ton zu einem anderen verändert, und unter der Welle in seiner Wellengleichung stellte er sich eine *Materiewelle* vor. Schrödingers Hoffnungen, der klassischen Physik wieder zur Geltung zu verhelfen, verflüchtigten sich jedoch, als andere Forscher versuchten festzustellen, was den Gleichungen eigentlich zugrunde liegt. Niels Bohr etwa fragte sich, wie denn eine Welle oder ein Zug von wechselwirkenden Wellen einen Geigerzähler dazu bringen konnte, genauso zu ticken, als würde er ein einzelnes Teilchen feststellen? Was „wellte" eigentlich?

Im Kopenhagen des Jahres 1926 nahmen Schrödinger und Bohr das Problem noch einmal gemeinsam in Angriff. Aus den Gleichungen ergab sich, dass es sich nicht um reale Wellen im Raum handelte, sondern um eine komplizierte Form von Schwingungen in einem imaginären mathematischen Raum, dem so genannten Phasenraum. Ein einzelnes Elektron kann durch eine Wellengleichung im dreidimensionalen Phasenraum beschrieben werden; um zwei Elektronen zu beschreiben, ist ein sechsdimensionaler Phasenraum erforderlich; drei Elektronen erfordern neun Dimensionen usw. (Anm. 100).

Die Quantenphysik zeitigt die Auflösung der vertrauten sinnlichen Objektwelt. „Unser ganzes Begriffssystem, unsere Sprache ist auf dieser <zeitlos gedachten> Struktur aufgebaut. Um sie trotzdem in ihrer <Erwartungs-Struktur> denken zu können, führen wir abstrakt den objekthaft klingenden Begriff eines <virtuellen Zustands> ein und stellen diesen Zustand formal durch einen Vektor in einem unendlich-dimensionalen Zustandsraum (Hilbertraum) dar. Seine jeweilige (...) Richtung beschreibt die (...) Wahrscheinlichkeiten für die möglichen Realisierungen. Dieser Zustandsvektor repräsentiert die ständige Erwartung und die zwingende Aufforderung, dass sich die Welt in irgendeiner Form neu ereignet. / Durch diesen Kunstgriff, die Objekte der klassischen Vorstellung in der Quantenbeschreibung durch <Zustandsvektoren> zu ersetzen, *wird jedoch die Objektivierbarkeit der Welt nicht wiederhergestellt* (Hervorhebung durch R.L.). Dies ist eher ein Trick, mit dem wir die prinzipiellen Schranken, die uns unser Denken auferlegt, zu überwinden versuchen" (Anm. 101).

In einem ganz bestimmten Sinn *wird die Realität*, da sie letztlich auf den Quanten und deren Eigengesetzlichkeiten aufbaut, *mathematisch* (abgesehen vom nie vollständig gegebenen X). Das gilt für die *Mikrophysik*, aber – weil es letztlich keine logisch argumentierbare Grenze gibt, wie Schrödinger aufzeigte – auch *für den Gegenstandsbereich der Makrophysik*, also die uns vertraute, uns umgebende sinnliche Welt.

Doch diese Konsequenz wurde von den Begründern der Quantenphysik mit Ausnahme Schrödingers heftig abgelehnt. Man gewinnt nach längerer Beschäftigung mit Quantenphysik den Eindruck, dass die Konsequenz nur deshalb nicht gezogen wurde, *weil nicht sein kann, was nicht sein darf*. Nur wenige bedeutende Quantenphysiker wie John von Neumann oder Eugene Wigner „blickten ins Antlitz der Medusa" und postulierten folgerichtig, dass eine mathematisch strukturierte Realität sich nicht vom mathematisch strukturierenden Bewusstsein trennen lasse und daher die Realität so etwas wie „geronnenes Bewusstsein" sei. Statt dessen lehnten Niels Bohr und Werner Heisenberg den Begriff einer objektiven Realität überhaupt ab. Heisenberg zog sich auf den Standpunkt zurück, es gälte nur den Zusammenhang von Wahrnehmungen formal zu beschreiben.

Die Existenz einer objektiven Realität war Thema des berühmten Streits zwischen Bohr und Einstein. Anlass des Streits war nämlich das so genannte *Quantenmessproblem*: worin oder wodurch wird der Messakt im Hinblick auf die mikrophysikalische Welt vorgenommen? Ist die Wellenfunktion, aus der sich Ort oder Impuls eines Elementarteilchens im Zeitpunkt der Messung entschälen, real (im Sinne der „potentia" nach Aristoteles) oder bloß eine Hilfskonstruktion? Und sollte die durch die Messung vorgenommene *Reduktion der Wellenfunktion* die Realität *erzeugen*: wo sind dann die Grenzen unseres Einflusses, den wir durch den Messakt nehmen? Heißt all dies letztlich, dass der Kosmos „bloß" eine *Funktion unseres Bewusstseins* ist?

Die Physik sah sich in der ersten Hälfte des zwanzigsten Jahrhunderts mit der erstaunlichen Tatsache konfrontiert, dass der Beobachter *mikro*kosmischer Vorgänge – ganz im Gegensatz zu jenem makrokosmischer Ereignisse – jene zu beeinflussen schien, ja mehr noch: die Art und Weise, wie er die Messanordnung anlegte, schien für das *Ergebnis* der Messung von irreversibler Bedeutung zu sein. Dies widersprach aber vollkommen dem *Objektivitätspostulat* der Naturwissenschaften seit Francis Bacon, Galilei und Newton, dem zufolge die Ergebnisse der Erforschung der Natur völlig unabhängig von der Art und Weise, wie ein Beobachter die Dinge beobachtet, sein müssen. Der Mathematiker John Bell formuliert das Problem folgendermaßen:

„Hat die Wellenfunktion der Welt Milliarden von Jahren auf das Auftreten des ersten Einzellers gewartet, bis sie zusammenbrechen konnte? Oder hat sie noch länger warten müssen – auf den hochspezialisierten Messspezialisten mit Doktortitel? Wenn wir von der *(Quanten-)*Theorie wollen, dass sie auf mehr anwendbar ist als auf idealisierte Operationen in Laboratorien, müssen wir dann nicht zugestehen, dass Vorgänge, die Messungen mehr oder weniger gleichen, mehr oder weniger ständig mehr oder weniger überall ablaufen? Gibt es dann aber überhaupt einen Augenblick, in dem nichts kollabiert ...?" (Anm. 102).

Bell verneint eine Spezialrolle des menschlichen Bewusstseins. Er steht damit in der gediegenen, von europäischen Idealisten oft geschmähten Tradition des empiristischen *angloamerikanischen Mainstream*, dessen Grundannahme sich in einem Satz zusammenfassen lässt: *Das Universum sähe ohne uns Menschen genauso aus.* Es bedarf des Menschen beziehungsweise des menschlichen Bewusstseins nicht, damit Welt existiert. Der US-Physiker Robert B. Laughlin, auf den wir unter Punkt b) dieses Kapitels noch zurückkommen werden, stellt von diesem rigorosen Realismus sogar eine Beziehung her zur Romantik der „frontier", der Grenze zwischen Zivilisation und Wildnis. Er hält nicht viel davon, dass wir durch die Kategorien unseres Bewusstseins die Kausalität der Natur aufprägen, sondern hat „den Verdacht, es handelt sich hier um ein atavistisches, vor langer Zeit in Afrika erworbenes Merkmal, das dem Überleben in einer physischen Welt diente, *in der es tatsächlich Ursachen und Wirkungen gibt* (Hervorhebung R.L.) – so zum Beispiel zwischen der Nähe von Löwen und dem Gefressenwerden" (Anm. 103). Als hochkarätiger Wissenschaftler nimmt er oft an Diskussionen teil, „ob die Physik eine logische Schöpfung des Geistes oder eine auf Beobachtung aufbauende Synthese sei" ... „Die eine Sichtweise stellt uns als Herrscher des Universums heraus, die andere macht das Universum zum Herrscher über uns" (S. 12 f.). Es vermag wohl kaum zu überraschen, dass Laughlin den Standpunkt befürwortet, Physik sei eine auf Beobachtung beruhende Synthese und der Mensch sei nicht der Herrscher, sondern ein ganz gewöhnlicher Bewohner des Universums. Die „Wildnis" liegt für Laughlin im Abenteuer der täglichen Entdeckung von Neuem, das nicht auf irgendwelche vermeintlich fundamentalen Gesetze der Natur zurückgeführt werden kann. „Die hier gemeinte Wildnis betrifft ... die unberührte Welt der vor dem Auftreten des Menschen vorhandenen Natur – die offene Weite des einsamen Reiters, der unter den Blicken mächtiger Gipfel mit drei Packpferden durch den aufspritzenden Fluss reitet" (S. 21). Indirekt, aber ganz entschieden wendet sich Laughlin gegen die europäische, die „abendländische" idealistisch-spiritualistische Tradition: „Die Idee der Grenze ist nicht einfach nur ein kurioser Provinzialismus. Allerdings wird sie häufig so hingestellt, vor allem in Europa, wo man den mythologischen Charakter des amerikanischen Westens stets leichter erkennen konnte als hier bei uns und wo man ihn oft mit Misstrauen betrachtet" ... „Am Ende entschied man, dass man nicht wie Europa sein wolle, sondern dass ein Teil der eigenen Identität wie auch die Verwirklichung eines sinnvollen Lebens ganz allgemein in großer Nähe zur Wildnis lägen" (S. 20) – der Wildnis als Symbol einer den Realitätssinn fordernden, objektiv von uns unabhängig existierenden Welt.

Schrödinger jedoch bejaht nicht nur eine Spezialrolle des Bewusstseins, er gelangte zu folgendem Schluss:

„Es wäre sonderbar, ja lächerlich, wollte man meinen, der anschauende, bewußte Geist, der als einziger über das Weltgeschehen nachsinnt, habe erst irgendwann im Laufe dieses Werdens die Bühne betreten; er sei ganz zufällig aufgetreten, im Zusammenhang mit einer sehr speziellen biologischen Ausrüstung, die ganz offenbar die Aufgabe erfüllt, gewisse*(n)* Formen des Lebens die Behauptung in ihrer Umwelt zu erleichtern und so ihre Erhaltung und Fortdauer zu begünstigen; Lebensformen, die erst spät gekommen und denen viele andere vorangegangen sind, die sich erhielten ohne jene besondere Ausrüstung (ein Gehirn). Nur ganz wenige von ihnen (nach Arten gerechnet) haben den besonderen Weg eingeschlagen, <sich ein Gehirn anzuschaffen.> / *Und bevor das geschah, sollte das Ganze ein Spiel vor leeren Bänken gewesen sein ?* (Hervorhebung R.L.). Ja, können wir denn cine Welt, die niemand wahrnimmt, überhaupt so nennen? ... Aber eine Welt, die viele Millionen Jahre bestanden hat, ohne daß irgendein Bewußtsein sie gewahr wurde und angeschaut hat, ist das überhaupt irgend etwas? *Gab* es sie? Wir wollen doch dies nicht vergessen: Wenn wir oben gesagt haben, daß das Werden der Welt sich in einem bewußten Geist spiegelt, so ist das nur ein Klischee, eine Redensart, eine Metapher, die Bürgerrecht erworben hat. Nichts spiegelt sich! Die Welt ist nur einmal gegeben. Urbild und Spiegelbild sind eins. Die in Raum und Zeit ausgedehnte Welt existiert nur in unsrer Vorstellung. Daß sie außerdem noch etwas anderes sei, dafür bietet jedenfalls die Erfahrung – wie schon *Berkeley* wußte – keinen Anhaltspunkt" (Anm. 104).

Man muss sich vor Augen halten, dass diese Diskussion, die mit dem Streit von Bohr und Einstein anhob, auch heute, etwa achtzig Jahre später, noch immer *vollständig unbewältigt* ist. Es gab bloß zahlreiche Variationen dieser Debatte, aber sie selbst dreht sich im Kreise. Allerdings wurde das Material, mit dem die Debatte geführt wurde, mathematisch immer komplizierter. Doch bedeutet dies allein die Höherentwicklung wissenschaftlicher Komplexität oder ist ein achtzig Jahre währendes auf der Stelle Treten nicht vielmehr Symptom geistiger Erschöpfung und Rückentwicklung?

Einstein beharrte darauf, es müsse so etwas wie eine reale Welt geben, die nicht durch eine Wellenfunktion dargestellt werden könne. Bohr dagegen betonte, die Wellenfunktion beschreibe keine „reale" Mikrowelt, sondern nur „Wissen", das für Vorhersagen nützlich sei. Worin sich Einstein und Bohr allerdings im Gegensatz zu Größen ihres Fachs wie John von Neumann oder Eugene Wigner einig waren: dass der Messakt, den ein Beobachter vornehme, keine Realität schaffe und man daher dem Bewusstsein des Beobachters keine die Realität erzeugende Rolle zubilligen dürfe.

Bohrs Einstellung lässt jedoch durch seine Selbstbescheidung wohl jeden philosophisch wirklich interessierten Menschen unbefriedigt zurück: Bohr will keineswegs so verstanden werden, als sei „Wissen" die „Welt". Sondern er lässt ebenso wie sein Schüler Heisenberg die „Natur" dessen, was da gemessen wird, völlig offen. Beide fühlten sich noch am Ehesten der philosophischen Tradition des *Positivismus* verpflichtet. Einstein dagegen war *Essentialist*: er bestand darauf, dass es eine vom Beobachter unabhängige, ihm voraus gehende Realität gibt, wobei er diesen Realitätsbegriff durchaus „naiv" angewandt wissen wollte auf eine objektive Gegenstandswelt, die *nicht* in Mathematik aufgeht.

Einstein gilt als der Verlierer der Debatte, die Quantenphysik als das siegreiche Paradigma der Physik unserer Zeit. In Kauf wird genommen, dass die Quantenphysik sich auf statistische Phänomene bezieht, die von Zufall und Wahrscheinlichkeit regiert werden und Aussagen über die „Natur der Dinge" nicht möglich seien. Der Anspruch der Quantenphysik, Fundamentalgesetze zu formulieren, also Gesetze *diesseits* der Wahrscheinlichkeit, ist daher für den interessierten Leser populärwissenschaftlicher Bücher nicht nachvollziehbar. Doch ist heute immerhin abgeklärt, dass die Quantentheorie *keine vollständige Theorie* ist. Wir wollen und können uns hier nicht auf Details einlassen, denn diese führen geradewegs in die schwindelerregenden mathematischen Höhen der *Quantengravitation*, des nun auch schon gut drei Jahrzehnte währenden Versuchs, die Spezielle Relativitätstheorie, die Allgemeine Relativitätstheorie, die Quantentheorie und die Quantenfeldtheorie zu vereinheitlichen.

Zwar wurden bei der Vereinheitlichung nicht bloß der Kräfte, sondern auch schon der Theorien beachtliche Teilerfolge erzielt. Die *Spezielle Relativitätstheorie* formuliert die Äquivalenz von Masse und Energie. Gemäß dem *Standardmodell* der Teilchenphysik besteht die „erste Generation" der Materie-Teilchen aus dem Up- und dem Down-Quark (die sich zu Protonen und Neutronen im Atomkern zusammenschließen) sowie dem Elektron, das den Atomkern umkreist und dem Elektron-Neutrino, das bei der Kernfusion im Inneren von Sternen frei gesetzt wird und das gesamte Weltall durchflutet. Diese „erste Generation" bildet die uns vertraute Materie. Doch nun gibt es darüber hinaus noch eine „zweite" und eine „dritte Generation" von Quarks und Leptonen (= Elektronen und Neutrinos), die kurz nach dem Urknall existierten und nur unter Aufwand enormer Mengen von Energie in den Teilchenbeschleunigern erzeugt werden können. Die „zweite Generation" umfasst das Charm- und Strange-Quark sowie das Myon, dem ein Myon-Neutrino bei gesellt ist, die „dritte Generation" das Top- und Bottom-Quark sowie das Tau und das Tau-Neutrino. Die vier letztgenannten Quarks, also Charm, Strange, Top und Bottom, müssen, weil in ihrem Falle ungeheure Mengen von Energie auf kleinstem Raum konzentriert sind, sehr schwere Teilchen sein, ebenso wie das Myon und das Tau schwerer als das Elektron sein sollten. Sämtliche Teilchen der „zweiten" und der „dritten Generation" wurden als schwerere Teilchen als jene der „ersten Generation" vorausgesagt, weil nur so die Forderung der Speziellen Relativitätstheorie nach Äquivalenz von Energie und Masse erfüllt werden kann. Dass die Teilchen der zweiten und dritten Generation im Teilchenbeschleuniger nachgewiesen werden konnten, stellt eine Übereinstimmung zwischen der Speziellen Relativitätstheorie und dem Standardmodell, also der Quantenphysik, dar.

Im Jahre 1994 hielten Stephen Hawking und Roger Penrose an der Universität Cambridge (England) mehrere Vorträge über Themen, bei denen sie markant unterschiedliche Gesichtspunkte vertraten: über Schwarze Löcher, das Verhältnis von Quantentheorie zur Raumzeit, Quantenkosmologie und schließlich über das *Verhältnis von Physik und Wirklichkeit*. Beim letzten Thema lieferten sich beide ein Gefecht, das im Grunde – wie von beiden eingeräumt – bloß ein *Dacapo* der Debatte zwischen Bohr und Einstein war, wobei Hawking die Rolle Bohrs, Penrose die Rolle Einsteins einnahm (Anm. 105). Dabei wird auf seiten Hawkings eine nahezu nihilistische Entwertung der physikalischen Realität so wie sie *ungeachtet* eines Messakts besteht und *dessen* offenbar, innerhalb wessen er sich wie ein Fisch im Wasser bewegt, nämlich die Realität seines Bewusstseins.

Hawking: „diese Vorträge haben sehr deutlich den Unterschied zwischen Roger und mir gezeigt. Er ist Platonist, und ich bin Positivist. ... Ich verlange nicht, dass eine Theorie mit der Wirklichkeit übereinstimmt, denn ich weiß gar nicht, was das ist. Wirklichkeit ist keine Eigenschaft, die man mit Lackmuspapier testen kann. Mich interessiert nur, ob die Theorie die Ergebnisse von Messungen vorhersagt. ... ganz entschieden lehne ich die Idee ab, *es gebe einen physikalischen Prozess, welcher der Reduktion der Wellenfunktion entspräche,* oder *dies habe irgend etwas mit* Quantengravitation oder *Bewusstsein zu tun*" (sic! Hervorhebungen durch R.L.).

Penrose: „Die Quantenmechanik gibt es erst seit 75 Jahren. Im Vergleich zu Newtons Gravitationstheorie ist das eine recht kurze Zeit. Es würde mich darum nicht wundern, wenn die Quantenmechanik für ausgesprochen makroskopische Objekte modifiziert werden muss. / Zu Beginn dieser Debatte sagte Stephen, dass er sich für einen Positivisten hält und mich für einen Platonisten. Von mir aus mag er ein Positivist sein, aber für den entscheidenden Punkt halte ich, dass ich Realist bin ..."

Cassirers unendliche methodologische Folge integriert nicht nur die von der Makrophysik regierte Natur, sondern, gewissermaßen einen Schritt in der Folge davor, *erst recht schon* die von den mikrophysikalischen Gesetzen beherrschte Natur der Elementarteilchen. Diese Welt ist näher den zugrunde liegenden Strukturen der reinen Logik und der Mathematik als die Welt der makrokosmischen Objekte.

Dies bedeutet dennoch nicht, dass das nie vollständig gegebene „X" *erschöpfend* als mathematische Struktur beschrieben werden kann. Es ist vielmehr nie vollkommen durch Mathematik erreichbar, es entzieht sich der wissenschaftlichen Analyse. Das „Noumenon" bei Kant ist eine solche *analytisch* unzugängliche Struktur.

Stellen wir uns barbarisches menschliches Handeln vor: zwar ereignet es sich in einer mathematisch strukturierten Welt, aber deren Erklärungskraft reicht nicht aus, um barbarisches Handeln adäquat zu deuten. Es bleibt ein Rest, ein „X". So meinte denn auch Karl Popper sinngemäß: Es ist ein Skandal, dass wir die Welt zwar nicht begreifen, sie aber zerstören können.

Eine Weltformel wird daher diesem „X", diesem unkalkulierbaren Rest, nicht gerecht werden können. Jedoch bedarf sie, um die unendliche methodologische Reihe vollständig schlüssig zu erklären, keiner „Realisierung" in dem Sinne, dass ihr ein Gott einen „Odem" einhauchen müsste. Genau diese Forderung erheben aber namhafte Kosmologen wie Stephen Hawking und Sir Martin Rees.

Stephen Hawking formuliert es in seinem Weltbestseller „Eine kurze Geschichte der Zeit" pathetisch wie folgt:

„Auch wenn nur eine einheitliche Theorie möglich ist, so wäre sie doch nur ein System von Regeln und Gleichungen. Wer bläst den Gleichungen den Odem ein und erschafft ihnen ein Universum, das sie beschreiben können? Die übliche Methode, nach der die Wissenschaft sich ein mathematisches Modell konstruiert, kann die Frage, warum es ein Universum geben muß, welches das Modell beschreibt, nicht beantworten. Warum muß sich das Universum all dem Ungemach der Existenz unterziehen? Ist die einheitliche Theorie so zwingend, daß sie diese Existenz herbeizitiert?" (Anm. 106).

Ähnlich sagt es Sir Martin Rees, fünfzehnter Träger des britischen Titels „Royal Astronomer", seit 2005 Präsident der Royal Society:
„Selbst wenn die Physiker eines Tages eine Theorie haben sollten, die alle grundlegenden Gesetze der Physik, das Gravitationsgesetz, die Quantentheorie und die Gesetze der Makrophysik vereinheitlicht, und diese in einer einfachen Formel niederschreiben können, wird uns eine solche Formel nicht alles sagen. Denn es wird weiterhin ein Geheimnis bleiben, was Feuer in diese Formel bläst, was sie in einem realen Kosmos aktualisiert."

b) Die Große vereinheitlichende Theorie wird immer aufs Neue verschoben

Die „Große Vereinheitlichende Theorie" hat eine komplexe Geschichte von Versuchen einer übergreifenden Theoriefindung des Naturgeschehens, welches des Menschen Fühlen, Denken und Handeln mit umfasse. Es würde hier zu weit führen, die Geschichte der „Grand Unified Theory" im Detail „wissenschaftshistorisch" vorzutragen. Nur ein Hinweis ist nötig: der Zusammenhang unterschiedlicher Naturkräfte bildete (schon) in der Ära der Romantik ein Leitmotiv (Anm. 107).

Bekannt sind die Versuche Albert Einsteins und Werner Heisenbergs, als Krönung ihres Schaffens die Weltformel zu finden: eine einzige Gleichung, deren Lösung unser Universum vollständig zu beschreiben vermag – mit einem dreidimensionalen Raum und einer Zeitdimension, worin die der „gewöhnlichen Materie" zugrunde liegenden Up- und Down-Quarks, die Elektronen und Elektron-Neutrinos sich zu Atomen, Schmetterlingen und Sternen ordnen, zusammengehalten von Kernkräften, elektromagnetischer Wechselwirkung und Gravitation, mit einem Urknall am Anfang von allem. Dann würde offenbar werden, dass die beiden bislang unverbundenen großen Theoriegebäude der Physik – Quantenmechanik und Gravitationstheorie – eine enge Einheit bilden (Anm. 108).

In den Achtzigerjahren erfolgte die so genannte Revolution des Stringmodells. Ihm zufolge sind die Grundbausteine des Universums nicht punktförmige Teilchen, sondern unvorstellbar winzige Saiten (englisch „strings"), deren Schwingungen alle beobachtbaren Teilchen und Kräfte ergeben sollen. Diese Superstrings sind nur etwa zehn hoch minus fünfunddreißig Meter lang. Das Problem bestand und besteht darin, dass man Superstrings vielleicht nie wird untersuchen können; die maximal erreichbare Auflösung der Beobachtungsgeräte im mikrokosmischen Bereich liegt bei etwa zehn hoch minus achtzehn Meter.

Obzwar die Superstrings so klein sind, dass man sie vielleicht wird nie experimentell nachweisen können, sind sie immer noch „realer" als die Teilchen des Standardmodells: denn dieses basiert auf der Grundannahme, dass die Elementarteilchen über keine räumliche Ausdehnung verfügen; sie sind punktförmig. Teilchen mit der Größe Null führen jedoch zu Unendlichkeiten. Mathematisch kann das zwar durch die so genannte „Renormierung" korrigiert werden, doch viele Physiker halten eine solche Notlösung für unschön und unbefriedigend (so merkwürdig es für uns Laien klingt: die „Schönheit" und „Eleganz" einer mathematischen Lösung, *was immer das sein mag*, ist für die Physikergemeinde ein nicht zu unterschätzendes Kriterium).

Genaue Messungen der Rotationsgeschwindigkeiten von Galaxien zeigen, dass sich die äußeren Äste der Sternenhaufen mit einer derart hohen Geschwindigkeit drehen, dass sie eigentlich auseinander fliegen müssten. Es wird daher von den Kosmologen eine *„dunkle Materie"* postuliert, als deren aussichtsreichste Kandidaten ein zweiter Teilchenzoo neben dem bekannten Zoo der Standardtheorie wie etwa „Higgsinos" oder „Neutralinos" gelten. Das sind Teilchen, die erst durch den Forschungsbetrieb des LHC, des größten Teilchenbeschleunigers der Welt der CERN bei Genf, der im September 2008 hätte angeworfen werden sollen (das ging aber schief), erforscht werden. Sie sind vorläufig unsichtbar, sollen aber in großen Mengen im Universum vorhanden sein. Dunkle Materie macht ca. dreiundzwanzig Prozent der Masse des Universums aus. Ein direkter Nachweis war bislang nicht möglich, ihre Existenz wird aus ihrem Gravitationseinfluss auf gewöhnliche Materie gefolgert. „Gelingt der Nachweis der Neutralinos am LHC, haben wir eine plausible Erklärung, woraus die dunkle Materie besteht", sagt die Kosmologin am Institut für Astro- und Teilchenphysik der Universität Innsbruck Sabine Schindler (Anm. 109).

Im Rahmen des Konzepts der so genannten *Supersymmetrie* soll eine Gegenwelt zur bisher beobachteten Teilchenwelt bewiesen werden, in der sich zu jedem bislang bekannten Teilchen ein bisher unentdeckter Partner befinden soll.

Diese Gegenwelt darf nicht verwechselt werden mit der hauptsächlich gleichfalls nur anlässlich von Experimenten in Teilchenbeschleunigern existierenden *Antimaterie*, die samt der Materie nur etwa vier Prozent (!) der Masse des Universums ausmachen soll; sie wurde unmittelbar nach dem Urknall bei ihrem Aufeinandertreffen mit der Materie zerstrahlt. Die restlichen dreiundsiebzig Prozent der Masse des Universums entfallen auf die vollends mysteriöse *„dunkle Energie"*.

Exkurs: Erschütterungen des Urknallmodells

Es verwundert kaum, dass sich gerade in Kreisen der Astronomen scharfe Kritiker des herrschenden Urknallmodells und der äußerst komplizierten Konstruktionen finden, die es stützen sollen. Schon der Urknall selbst ist eine gewagte Annahme: für den Ursprungsmoment führt er zu einer so genannten Singularität, einem Zustand unendlicher Temperatur, Dichte und Raumkrümmung – einem Zustand also, der physikalisch unmöglich ist. Zwar stützen seit dem Hauptargument für den Urknall, der Entdeckung des kosmischen Hintergrundrauschens 1965, zahlreiche Beobachtungen das Modell; doch in zunehmendem Maße gab und gibt es eben auch Beobachtungen, die das Urknallmodell in Frage stellen.

Es hat nun im Zusammenhang mit unserer Polemik wenig Sinn, sich mit den äußerst komplizierten Hilfskonstruktionen des Urknallmodells abzumühen: es geht um komplexeste Mathematik; auch wenn sich Sachbuchautoren noch so redlich anstrengen, uns die Grundlagen kosmologischer Modelle klar zu machen, ist nicht zu bestreiten, dass nur die Wenigsten diese Modelle intellektuell adäquat nachvollziehen können. Es kann an dieser Stelle nur mit Schlagworten das Auslangen gefunden werden: diese lauten etwa kosmische Inflation, dunkle oder exotische Materie, kosmologische Konstante = dunkle Energie usw.

Die Urknalltheorie basiert darauf, dass sie die beobachteten Rotverschiebungen der außerhalb unserer Milchstraße befindlichen außergalaktischer Objekte so interpretiert, dass sich alle Galaxien – etwa 50 Milliarden an der Zahl – voneinander entfernen. Für den Zusammenhang zwischen Rotverschiebung der Spektrallinien und Fluchtgeschwindigkeit der außergalaktischen Objekte – d.h. Jener Objekte, die außerhalb unserer Galaxis, der Milchstraße, beobachtet werden – gibt es eine weithin unumstrittene Basis: auf Edwin Hubble geht das so genannte Hubblediagramm zurück, in dem diese beiden Größen einen linearen Verlauf zeigen. Aus dieser Geraden läßt sich für jeden Wert von Rotverschiebung und Geschwindigkeit die zugehörige Entfernung entnehmen: je höher die Verschiebung, desto höher die Geschwindigkeit und desto größer die Entfernung.

Ein Renegat der orthodoxen Astronomie ist Halton Arp, der einst zu den zwanzig besten Astronomen der Welt gezählt wurde. Seit er begann, aufgrund solider Beobachtungen, auf die wir sogleich zu sprechen kommen werden, scharfe Kritik am Urknallmodell zu üben, geriet er zusehends in eine Außenseiterposition. Man sollte meinen, dass unter Wissenschaftlern Meinungsverschiedenheiten fair ausgetragen werden, doch diese Vermutung ist naiv. Nachdem er zu Beginn der Siebzigerjahre nebst anderen Exoten *miteinander verbundene* Galaxien entdeckt hatte, deren Rotverschiebungen *sich stark unterscheiden* – nach dem Urknallmodell ein Ding der Unmöglichkeit – und ein erbitterter zwölf Jahre währender Kampf um die Interpretation der Daten entbrannt war, durfte er nicht mehr an selbst großen Observatorien Beobachtungen anstellen und bekam sogar Schwierigkeiten, an archivierte Daten heran zu kommen. 1983 stellte sich schließlich heraus, dass der Vorwurf der Urknalldogmatiker an Arp, die von ihm beobachteten Konstellationen stünden nur für den Betrachter so eng beisammen, es handle sich lediglich um einen Projektionseffekt, falsch war, denn die elektronisch verarbeiteten Aufnahmen zeigten, dass die Verbindung etwa zwischen der Spiralgalaxie NGC 4319 und einem Quasar mit einer weitaus höheren Rotverschiebung, Markarian 205, auch auf den bestauflösenden Bildern zu sehen ist.

Halton Arp äußerte in einem Interview für „Star Observer Special" Nr. 2 S. 83: „Ich hätte eigentlich erwartet, dass die Astronomen nun alle Hebel in Bewegung setzen würden, um dieses Objektpaar zu studieren. Aber nichts dergleichen geschah." Vielmehr wurde Arp endgültig ausgegrenzt und aus seiner Arbeitsstelle am Palomar-Observatorium in Kalifornien hinaus geekelt. Er quittierte seinen Job und wanderte nach Deutschland aus, wo er am Max Planck Institut für Astrophysik in Garching zu arbeiten beginnen durfte.

Wenn es einen Zusammenhang zwischen Galaxien mit geringer und Quasaren mit hoher Rotverschiebung geben soll, so muss die Rotverschiebung der Spektrallinien anders interpretiert werden als bisher. Dann kann sie eben nicht das Maß für die Entfernung einer Galaxie sein, sondern es muss eine andere Erklärung geben.

Tatsächlich hat Arp aufgrund einer Studie, die am Max Planck Institut 1996 durchgeführt wurde, eine alternative Hypothese entwickelt. Danach haben bestimmte Galaxien, die extrem helle Kerne aufweisen und starken Helligkeitsschwankungen unterliegen, so genannte Seyfert-Galaxien, an Stelle von Schwarzen Löchern „Weiße Löcher" in ihrem Kern, *wo Materie gerade nicht vernichtet, sondern erzeugt* und in Form von Quasaren längs ihrer Rotationsachsen in den Weltraum geschleudert wird. Die ausgestoßenen Quasare altern und entwickeln sich später zu ausgereiften Galaxien, wie wir sie kennen. Die Seyfert-Galaxien sind somit Muttergalaxien, die im Laufe der Zeit eine wachsende Galaxienfamilie um sich scharen.

Wie erklären sich aber nun die unterschiedlichen Rotverschiebungen innerhalb einer solchen Galaxienfamilie? Die Rotverschiebung der Spektrallinien ist nach Arp kein Maß für die Entfernung einer Galaxie, sondern *für ihr Alter*. Je höher die Rotverschiebung, desto jünger ist das Objekt. Wenn die Materie altert, nimmt die Rotverschiebung ab. Demonstrationsbeispiel ist der Virgo-Haufen, in dessen Zentrum sich die Galaxie M 49 befindet. Da sie jene Galaxie im Virgo-Haufen ist, welche die geringste Rotverschiebung aufweist, gilt sie im Arpschen Modell als Muttergalaxie.

Dass sich ausgehend von Deutschland das Arp Modell trotz dichter Indizien nicht gegen das Urknallmodell durchsetzte, hat allerdings einen triftigen Grund. Denn wie soll erklärt werden, dass Materie „altert"? Es bedarf hierfür der Annahme von Elektronen mit *variabler* Masse. Die Masse des Elektrons hat zu Beginn seiner Existenz im „Weißen Loch" im Zentrum der Seyfert-Galaxie den Wert Null. Nach der „Geburt" steigt die Masse an. Die Gleichungen der Elekrodynamik, so wiesen Arp und sein Kollege Jayant Narlikar nach, zeigen, dass ein Elektron mit variabler Masse in einem Atom umso „röteres" Licht abstrahlt, je geringer seine Masse ist. Wenn die Materie altert und dabei an Masse gewinnt, nimmt die Rotverschiebung ab.

Das Arp-Modell setzt also eine überraschende Grundannahme voraus: eine *zeitabhängige* Teilchenmasse. Dies widerspricht dem Grundgesetz der Quantenphysik, dass die Masse der Elementarteilchen für alle Zeiten konstant ist. Doch die Variabilität der Elementarteilchen-Masse ist vorläufig nicht nachprüfbar, weil alle Materie in der Milchstraße und den Nachbargalaxien gleich alt ist. Das ist daran zu erkennen, dass an diesen Galaxien *keine* Rotverschiebung beobachtet werden kann.

Das Arp-Modell ist bei weitem nicht die einzige Erschütterung der Urknalltheorie. So gibt es Galaxien am Sternenhimmel, die über eine Milliarde Jahre alt sind, obwohl der Urknall *weniger* als eine Milliarde Jahre zurücklag (Anm. 110).

Mittlerweile hat sich die Gruppe der Renegaten um Halton Arp organisiert und hielt 2005 einen ersten internationalen Kongress in Moncao, Portugal, ab. Wie Arp in dem bezeichneten Interview schon kritisiert hatte, herrschen die etablierten Urknallkosmologen über ein Wissenschaftsimperium. Die hohen Positionen, die sie inne haben, verleihen ihnen die Macht zu entscheiden, was in der Kosmologie erforscht wird und wer in den Fachzeitschriften publizieren darf. Die verantwortlichen Politiker werden bei der Vergabe der Forschungsgelder von den Urknalldogmatikern im ihrem Sinne manipuliert.

Im Grunde genommen ist an diesem Punkt Resignation angesagt. Im Westen, das ist der europäisch-nordamerikanische atlantische Kulturraum, gibt es eine *umfassende und lähmende geistige Stagnation* trotz einer überwältigenden und alles einebnenden Informationsflut. Weltgeschichtlich bahnt sich an eine *Verlagerung* des kulturellen Schwerpunktes vom europäisch-nordamerikanischen in den pazifisch/ostasiatisch/indischen Kulturraum. Denn *das* ist in Wahrheit Globalisierung: wenn ein gefeierter junger indischer Autor wie Aravind Adiga auf FAZ.NET vom 16. August 2009 bekennt, dass seine Generation so sehr von den prominenten *lateinamerikanischen* Autoren wie Marquez und Fuentes fasziniert und der *einzige deutsche Autor der Nachkriegszeit,* der vergleichbares Ansehen genieße, Paul Celan sei ...

Im Westen einmal etablierte Denkschulen unternehmen alles, um neue Ansätze abzuwürgen. Das ist ein Symptom von Dekadenz. Die Forderung Karl Poppers, dass der Wissenschaftler seine äußerste Anstrengung darein setzen muss, einmal von ihm selbst entwickelte Hypothesen auf ihre Stichhaltigkeit zu prüfen und sie zu widerlegen zu trachten, wird mittlerweile vollständig ignoriert. Insofern unterscheidet sich die angloamerikanisch dominierte westliche Wissenschaftsgemeinde letztlich bei allem Hochmut und bei aller Selbstgefälligkeit in keiner Weise mehr von dem hasserfüllten, untergriffigen, ausgrenzenden – und seinerzeit mitunter tödlichen – Vorgehen der mittelalterlichen Scholastik gegen unangepasste Renegaten.

*

Zurück zum Standardmodell: wenn wenigstens schon alle Teilchen entdeckt worden wären – ein Teilchen widersetzt sich dem experimentellen Nachweis, ausgerechnet das wichtigste: das nach dem britischen Physiker Peter Higgs benannte für die *Masse* der Materie-Teilchen ursächliche Higgs-Boson, das von ihm schon 1964 vorher gesagt wurde.

Warum gibt es Materie-Teilchen wie die Photonen, die völlig masselos mit Lichtgeschwindigkeit durchs All rasen? Was verleiht bestimmten anderen Teilchen die Masse*, die erst sie mit Einsteins Allgemeiner Relativitätstheorie kompatibel macht?* Das Higgs-Teilchen stellt im „Zoo" des Standardmodells (dem zufolge es *Grundbausteine der Materie,* das sind die Quarks und die

Leptonen sowie *Austausch- oder Kräfteteilchen* wie die Gluonen, Photonen, Bosonen und Gravitonen gibt) die notwendige Ergänzung dar. Alle Hoffnungen richten sich auf den LHC. Gelingt der Nachweis des Higgs-Teilchens nicht, gerät die Physik in eine veritable Krise, und die Weltformel rückt in nahezu unerreichbare Ferne.

Das Problem liegt doch darin: da postuliert das Stringmodell eine *Vereinheitlichung* der Schwerkraft (der Gravitonen) mit den beiden bereits vereinigten Grundkräften, dem Elektromagnetismus (Photonen) und der schwachen Kraft (Bosonen) sowie der starken Kraft (Gluonen). Und dann stellt sich aufgrund kosmologischer Daten, welche die Annahme einer dunklen Materie erzwingen, heraus, dass eine vereinheitlichende Theorie *über das Stringmodell hinaus gehen muss*.

Das Stringmodell zerfiel denn auch prompt in fünf verschiedene Superstringtheorien. Damit die Stringtheorien aber überhaupt funktionieren, setzen sie die Annahme einer zehndimensionalen Raumzeit voraus. Die reale Welt hat aber nur vier Dimensionen. Drei für den Raum und eine für die Zeit. Die sechs übrigen sollen sich so zusammen rollen, dass sie nicht einmal das Verhalten der Quarks – geschweige das von Alltagsobjekten – beeinflussen (Anm. 111). Aber auch schon die Quarks, die nicht einmal durch die sechs zusätzlichen Dimensionen tangiert werden können, sind nicht direkt als kleinste Bausteine der Materie beobachtbar, sondern sie helfen uns bloß, einige Erscheinungen, die wir beobachten, zu interpretieren.

Die uns vertraute vierdimensionale Raumzeit ist flach; aber die von den Theoretikern favorisierte gebrochene Supersymmetrie zwingt Raum und Zeit, sich in den meisten Dimensionen unvorstellbar eng zusammen zu rollen. Zwischen diesen „eingerollten" Dimensionen müssten extrem hohe Gravitationskräfte herrschen, die zu einem spektakulären Effekt führen würden: Gelingt es, die im LHC mit extrem hoher Energie um die Kurve jagenden Wasserstoffkerne zu einer Kollision zu bringen, ließen sich damit rein theoretisch kleine Schwarze Löcher erzeugen, wie die Frankfurter Physiker Marcus Bleicher und Horst Stöcker glauben. Diese „Mini Black Holes" wären im Gegensatz zu ihren galaktischen Verwandten freilich extrem kurzlebig. Sie würden nicht einmal ein Billionstel einer Billionstelsekunde existieren. Pro Sekunde könnten immerhin ein paar Dutzend solcher „Schwarzloch-Babys" produziert werden. Gelingt ihr experimenteller Nachweis und stimmen noch dazu Stöckers Zusatzberechnungen, wäre die Welt übrigens auch ihr Energieproblem los. Denn Stöcker ist überzeugt, dass sich mit der Erzeugung von Mini Black Holes gleichzeitig auch Masse in Energie umwandeln ließe. Entsprechende Konverter voraus gesetzt, könnte die global benötigte Jahresenergiemenge aus bloß zehn Tonnen Materie gewonnen werden. Vorsichtshalber hat Stöcker seine Idee bereits zum Patent angemeldet (Anm. 112).

Das Problem eines gebildeten Publikums mit der modernen Physik ist zweifellos, dass die Physik vollkommen esoterisch geworden ist, eine Spielwiese extrem mathematisch begabter Sonderlinge, die die Ehrfurcht, die ihnen entgegen gebracht wird, genießen und mit immer neuen spekulativen Blasen und den unsäglich patzigen Titeln ihrer von „Publikumsverlagen" programmierten Bestseller extrem ausreizen. Arrogante Wissenschaftler und ein letztlich unkritisches, wissenschaftsgläubiges („gegen jedwede Ideologie immunes") Publikum, das sich auf der Höhe der Zeit wähnt, bilden eine unheilvolle Symbiose. Weder die Superstrings noch das Multiversum sind nämlich auch nur irgendwie, aber *nicht einmal im Entferntesten* der Beobachtung zugänglich: es sind *pure Spekulationen*, mit irgendeinem Formelwerk, das aus vorgeblich genialischen Fingern gesogen wurde, untermauert, denen im Grunde genommen nicht mehr Seriosität zukommt als den berühmten scholastischen Blödeleien darüber, wie viele Engel eigentlich auf der Spitze einer Stecknadel Platz hätten.

Aber wer der im Publikum Sitzenden würde schon gar so etwas wie ein Bedürfnis, nicht für vollkommen verblödet gehalten zu werden, entwickeln, anlässlich dieser Witzchen, Pointen und Platitüden, die sie gnädig ins verachtete Publikum streuen zur Auflockerung des vollkommen Unverständlichen, der Quantengravitation als des Grals der modernen Physik – Stephen Hawking oder Ed Witten, wenn sie zu ihren abgehobenen Vorträgen ansetzen, nichtsdestoweniger aber das vollkommen überforderte Publikum bei Stange halten wollen. Denn so ein populärwissenschaftlicher Vortrag bringt schließlich eine nette Stange Geld und steigert sowohl das persönliche Image als auch jenes der Kosmologie. Und vor allem: sie helfen über die Durststrecke der folgenden Jahre hinweg, nach denen das nächste Resumee, dass die Entdeckung der Weltformel *aber dieses Mal* unmittelbar bevor stehe, fällig sein wird ...

Bedauerlicherweise helfen dem wissbegierigen Laien auch die zahlreichen herablassend populärwissenschaftlich angelegten Bücher nicht wirklich weiter. Zu erwähnen ist hier die „Kurze Geschichte der Zeit" (1988) von Hawking, die sich zu einem veritablen Weltbestseller mit etlichen Millionen verkauften Exemplaren mauserte; freilich lautet die boshafte Mär, dass nur ein Bruchteil der Laien, die sich das Buch – möglichst in Augenhöhe drapiert für Freunde wie Bekannte – gleich einer Trophäe ins Wandregal stellten, es über die ersten zwanzig Seiten hinaus geschafft hat.

Zwangsläufig muss auch das größte Genie, das vom Verlag dazu angehalten wird, der Lesbarkeit halber auf mathematische Formeln zu verzichten, grob vereinfachen und verzerren. Dadurch entstehen erst recht Unklarheiten und Widersprüche, die auch von den Lektoren offenbar nicht ausgeräumt werden können. Als Beispiel diene das gewiss gut gemeinte, auch locker lesbare Werk „Die kürzeste Geschichte der Zeit", das Stephen Hawking gemeinsam mit Leonard Mlodinow verfasst hat (Reinbek bei Hamburg 2005).

So heißt es etwa auf S. 140 der deutschen Ausgabe von Rowohlt, dass die kräftetragenden Teilchen, die zwischen Materieteilchen ausgetauscht werden, so genannte *virtuelle* Teilchen sind, weil sie im Unterschied zu wirklichen Teilchen von einem Teilchendetektor nicht direkt nachgewiesen werden können. S. 142 wird dargelegt, dass die elektromagnetische Anziehungskraft durch den Austausch einer großen Zahl von virtuellen Teilchen, den Photonen, verursacht wird. „Wenn aber ein Elektron von einer erlaubten Bahn auf eine andere, dem Kern näher gelegene überwechselt, wird Energie frei gesetzt, und ein *reales* Photon (Hervorhebung R.L.) emittiert – das als sichtbares Licht vom menschlichen Auge wahrgenommen werden kann, wenn es die richtige Wellenlänge hat, oder von einem Photonendetektor wie etwa einem fotografischen Film."

Was also sind nun Photonen? Virtuelle oder doch reale Teilchen? Das bleibt in diesem Zusammenhang offen; was wohl nicht daran liegt, weil den Autoren hier ein Widerspruch entgangen ist, sondern weil der Sachverhalt vermutlich so kompliziert ist, dass er – auf zwei Seiten ohne mathematische Formulierung in der vom Verlag vorgegebenen Kürze – für ein Laienpublikum nicht mit der erforderlichen Präzision dargelegt werden kann.

Ein zweites Beispiel aus diesem Buch betrifft die komplexe Vorstellungswelt der Stringtheorien. Denen zufolge nämlich gibt es, wie schon angeführt, zehn, nicht bloß drei Raumdimensionen. Für unsere vierdimensionale Welt gilt, dass ein Elektron niemals in den Atomkern stürzen kann, weil dies die Heisenbergsche Unbestimmtheitsrelation verletzt, der zufolge man entweder nur Position oder Impuls eines Elementarteilchens mit beliebiger Genauigkeit messen kann. Bezogen auf das Atom bedeutet das, dass das Elektron in seinem niedrigsten Energiezustand nicht im Kern ruhen kann, da in diesem Fall sein Ort und seine Geschwindigkeit beide exakt definiert wären. Statt dessen ist das Elektron mit einer Wahrscheinlichkeitsverteilung um den Kern „verschmiert".

Nach Hawking/Mlodinow passiert aber in Welten mit *mehr* als drei Raumdimensionen das Unfassbare: das Elektron würde infolge seiner Instabilität, die es in Welten mit mehr als drei Raumdimensionen einnimmt, sich entweder gänzlich von dem Atom entfernen oder spiralförmig in den Kern wandern (S. 155). Wieso die Heisenbergsche Unschärferelation in Welten mit mehr als drei Raumdimensionen nicht gilt, wird für den interessierten Laien nicht wirklich klar.

Nicht bloß wissbegierige Laien fühlen sich durch die Art und Weise der Präsentation der vorläufigen Ergebnisse so hochkomplexer Theorien wie der Stringtheorien etc. veräppelt. Selbst hochkarätige Wissenschaftler treibt mittlerweile Unbehagen um, wie sinnvoll es überhaupt ist, aufgrund des vorliegenden Materials der Beobachtungsdaten generalisierende, *„fundamentale"* kosmologische Theoreme wie eben die Urknalltheorie zu formulieren, die den Anspruch erheben, es sei letztlich *„Alles"*, d.h. Die gesamte Naturwissenschaft, aus ihnen ableitbar. Robert B. Laughlin, US-amerikanischer Physiker, der 1998 den Nobelpreis für Physik dafür erhielt, dass er einen Durchbruch beim Verständnis makroskopischer Quantenphänomene erzielte (Anm. 113), brachte Unbehagen und Zweifel etlicher seiner Kollegen in einem Interview in Der Spiegel 1/08, S. 120 mit folgenden Worten zum Ausdruck:

„Die Leute reden nun mal gern von neuen Zeitaltern oder gar vom Ende aller Wissenschaft. Dass eine solche Vorstellung überhaupt aufkommen konnte, liegt an einer irreführenden Ideologie, der zufolge nur diejenigen Gesetze wirklich zählen, die grundlegend, irgendwie fundamental sind. Und das ist im Kern eine religiöse Idee ... in unseren westlichen Köpfen treffen wir eine grundsätzliche Unterscheidung zwischen fundamentalen Naturgesetzen, die schlicht da sind – und denen, die aus anderen hervorgehen. Dabei vergisst man, dass es keinerlei experimentelle Hinweise auf einen solchen Unterschied gibt ... " *(Dass das Universum im Urknall entstanden ist)* „ist Unfug. Viele Leute stellen mir quasireligöse Fragen. Woher wir kommen, wie das Universum entstanden ist und so weiter. Da kann ich als Physiker nur antworten: Da bin ich kein Experte, ich bin einzig und allein ein Experte in Sachen Experiment und Messung ... Aber was für mich als Physiker wirklich zählt, das sind allein die Daten ... Denn ich bin es satt, in Seminaren zu sitzen und mir Spekulationen über Schwarze Löcher und Superstrings anzuhören. Niemand redet da über Experimente. Wer wirklich originelle Dinge hervorgebracht hat, der weiß: Du musst dich zu disziplinieren wissen. Rede nur über Dinge, die auch messbar sind ... "

Der Ingrimm von Robert Laughlin war so groß, dass er ein ketzerisches Buch schrieb: „Abschied von der Weltformel. Die Neuerfindung der Physik" (München 2007). Im Spiegel-Interview befragt, ob der Ärger über die Stringforscher ein Anstoß dafür war, das Buch zu verfassen:

„Den Anstoß hat ein Foto in einer deutschen Zeitschrift gegeben. Zu sehen waren lauter String-Forscher, und es hieß, das seien die klügsten Leute der Welt ... das hat mich verrückt gemacht, als ich es gesehen habe. Keine einzige Behauptung von diesen Typen ist durch ein Experiment gedeckt. ... Und der König von allen ist er hier, Stephen Hawking. Ich habe gehört, dass ihm Frauen Babys bringen, damit er sie berührt. Dieser Mann hat einen Weg gefunden, sich zur kulturellen Ikone zu machen. Was für ein Typ! Da kann man nur sagen: Ja, insofern ist der wirklich einer der klügsten Leute ..."

„... Ich weiß nicht, welches Glaubenssystem das beste ist, um in der Wissenschaft Fortschritte zu machen. Aber eines weiß ich ganz sicher: Egal, was Sie glauben, am Ende müssen Sie sich fragen: Mit welchem Experiment könnte ich beweisen, dass meine Lieblingsidee falsch ist. Und erst wenn dieses Experiment scheitert, haben Sie eine Chance, richtig zu liegen *(in diesem Punkt bekennt sich einmal ein wirklich namhafter Vertreter der gegenwärtigen Scientific Community dazu, dass das Poppersche Falsifikationskriterium nach wie vor verbindliche Richtlinie naturwissenschaftlichen Handelns sein sollte, R.L.)* ... Es gibt Massen von Experimenten, die schlicht nicht testen, was sie zu testen vorgeben. Oder man behauptet, herausgefunden zu haben, was alle ohnehin glauben. Dann können Sie ziemlich sicher sein, dass es niemand in Zweifel ziehen wird."

Werden die aktuellen Genies die Weltformel finden? Warum sollte einem Hawking oder Witten gelingen, was Einstein und Heisenberg misslang? *Hat sich die Menschheit des Westens geistig seit der Mitte des zwanzigsten Jahrhunderts wirklich weiter entwickelt oder entwickelt sie sich nicht vielmehr geistig zurück?*

Da kann man insofern die Probe aufs Exempel machen, als fachlich überragende Koryphäen wie Einstein und Hawking sich ja auch irgendwann über Dinge äußern, die jenseits des Horizonts ihres Fachgebietes liegen. An der Qualität dieser Äußerungen kann man sehr wohl ablesen, ob die Koryphäe nur ihr Fachgebiet, wenngleich souverän, beherrscht oder ob sie auch *umfassend geistig überlegen* ist.

Ich zitiere aus Albert Einstein, Mein Weltbild, Frankfurt am Main/Berlin/Wien, 1972: zum Thema, ob es eine jüdische Weltanschauung gibt:

„Eine jüdische Weltanschauung im philosophischen Sinne gibt es meiner Meinung nach. ... Judentum scheint mir mehr der Inbegriff der im jüdischen Volke lebendigen Lebenseinstellung zu sein als der Inbegriff der in der Thora niedergelegten und im Talmud interpretierten Gesetze. .../ Das Wesen der jüdischen Lebensauffassung scheint mir zu sein: Bejahung des Lebens aller Geschöpfe. Leben des Individuums hat nur Sinn im Dienst der Verschönerung und Veredelung des Lebens allen Lebendigen. Leben ist heilig, d. h. Der höchste Wert, von dem alle Wertungen abhängen. Die Heiligung des überindividuellen Lebens bringt die Verehrung alles Geistigen mit sich – ein besonders charakteristischer Zug der jüdischen Tradition."

Einsteins Worte sind klar und prägnant, sie fassen den Grundzug der jüdischen Tradition, die Mitleids- und Gleichheitsethik, in denkbar knappe Worte. Leben ist heilig, aber nicht in metaphysischem Sinn. Und dann der entschiedene Kontrapunkt zum nationalsozialistischen menschen- und geistverachtenden Furor: *Die Heiligung des über-individuellen Lebens bringt die Verehrung alles Geistigen mit sich.*

In wenigen Worten das Wesentliche klar und einfach gesagt – das ist die Handschrift der großen Meister. Den Gegensatz dazu soll eine Passage von Hawking veranschaulichen, in der er vermeint, mit wenigen Sätzen die Entstehung und Entwicklung der Menschheit umreißen zu können:

„ ... Ich gehe davon aus, daß sich auf der Erde durch Zufallskombinationen von Atomen eine sehr primitive Form von Leben gebildet hat. ... / Die frühen Lebensformen haben sich reproduziert. Das Unbestimmtheitsprinzip der Quantenmechanik und die zufälligen Wärmebewegungen der Atome dürften für eine gewisse Zahl von Reproduktionsfehlern gesorgt haben. Solche Fehler ... starben aus. Einige wenige Fehler erwiesen sich rein zufällig als vorteilhaft. Organismen mit solchen Fehlern hatten bessere Chancen, zu überleben und sich fortzupflanzen. ... / Die Entwicklung der Doppelhelix der DNA dürfte eine solche Verbesserung in frühen Stadien gewesen sein. Wahrscheinlich bedeutete sie einen solchen Vorteil, daß sie alle früheren Lebensformen ersetzte, wie auch immer sie ausgesehen haben mögen. Im Laufe des Evolutionsprozesses hat sich dann das Zentralnervensystem gebildet. Geschöpfe, die die Bedeutung der von ihren Sinnesorganen zusammengetragenen Daten korrekt zu erkennen und entsprechend zu handeln vermochten, hatten bessere Überlebens- und Fortpflanzungschancen. ... Nach Körperbau und DNA-Struktur haben wir große Ähnlichkeit mit den höheren Ordnungen der Affen. Doch eine winzige Veränderung unserer DNA hat es uns ermöglicht, die Sprache zu entwickeln. ... Vorher ließen sich die Ergebnisse von Erfahrungen nur im langwierigen Prozeß der DNA-Kodierung durch Zufallsfehler in der Reproduktion weitergeben" (Anm. 114).

Es ist verblüffend, wie schlicht sich das Panorama der Evolution für eine ausgewiesene Koryphäe *seines* Fachs darstellt. Dass die Entwicklung der

Doppelhelix der DNA Resultat *zufälliger* Verbesserungen gewesen sein soll, war schon in den frühen Neunzigern, als von Epigenetik (vgl. oben I) noch keine Rede war, nicht unumstritten. Es erstaunt, dass Hawking Zweifel am orthodoxen Darwinismus nicht im Mindesten erkennen lässt bzw. in einem für ein Laienpublikum geschriebenen Buch nicht auch alternative Theorien der Entstehung des Lebens erwähnt. Zog doch Ernst Mayr, der Doyen der Evolutionsforschung des zwanzigsten Jahrhunderts, nach hundertfünfzig Jahren Darwinismus die ernüchternde Bilanz in seinem letzten Werk (Anm. 22): dass es etliche konkurrierende Hypothesen über die Entstehung des Lebens gäbe, jedoch keine wirklich befriedigend sei.

Hawking verfällt in seiner Argumentation dem alten Fehler aller orthodoxen Darwinisten: das zu Erklärende, nämlich die erfolgreiche Anpassung, wird voraus gesetzt (arg. „Geschöpfe, die die Bedeutung der von ihren Sinnesorganen zusammengetragenen Daten korrekt zu erkennen und entsprechend zu handeln vermochten, hatten bessere Überlebens- und Fortpflanzungschancen"). Woher ergab sich aber die Fähigkeit, die Bedeutung der Daten besser zu interpretieren? Mit jenem Satz unter dem Horizont des darwinistischen Paradigmas ist eben *nichts* erklärt, weil bessere Überlebens- und Fortpflanzungschancen sich *ja gerade darin genetisch* realisieren, als die betreffenden Geschöpfe die Daten der Außenwelt richtiger als andere interpretieren können. Es handelt sich hier um eine Form des klassischen logischen Zirkels.

Noch ernüchternder ist Hawkings Hypothese: „Doch eine winzige Veränderung unserer DNA hat es uns ermöglicht, die Sprache zu entwickeln." Wie war denn der Diskussionsstand Anfang der Neunzigerjahre? Während der Behaviorismus postuliert hatte, dass Kinder das Vokabular und die Grammatik ihrer Sprache als verstärkte Paarung erlernen, untersuchte die linguistische Entwicklungspsychologie, ein Zweig der seit 1950 sich zusehends etablierenden Kognitionswissenschaften, den Ansatz, dass Kinder Hypothesen über die richtige Sprache der Erwachsenen aufstellen, die sich zusammen mit ihren kognitiven Fähigkeiten und Erfahrungen heraus bilden (Anm. 115). Der Linguist Noam Chomsky hatte einen Kreuzzug gegen die streng empirisch eingestellten Sprachforscher und Sprachpsychologen geführt, indem er den Nachweis zu führen trachtete, dass der Erwerb der für Beherrschung einer Sprache erforderlichen Fähigkeiten prinzipiell *nicht* auf rein empirischem Wege, also durch bloße Konditionierung, erfolgen könne (Anm. 116). Soziobiologie und Evolutionspsychologie führten die menschliche Sprachfähigkeit zwar auf eine *angeborene* Disposition zurück, von Chomsky „Spracherlernungsvorrichtung" genannt. Ganz im Sinne von Rupert Riedls Postulat der Rückkoppelung der

Änderungen von Strukturen an davor erfolgte Änderungen von Funktionen (siehe oben I letzter Absatz) ist aber die Sprache zweifellos ein Ergebnis fortwährender Rückvernetzung individueller Erfahrungen mit bestimmten Gehirnstrukturen. In diesem Sinne fasste neuerdings Tomasello in „Constructing a Language" seit Jahrzehnten schwelende Diskussion dahingehend zusammen, dass eine komplexe Funktion wie die Sprache in einem sozial eingebetteten Gebrauch *konstruiert* werde und *nicht als eine fertige Ausstattung von Geburt an vorhanden sein könne* (Anm. 117). Die Notwendigkeit, sich an neue Umstände anzupassen, forderte von den *Australopithecinen* in Afrika vor weit über einer Million Jahren die allmähliche Ausbildung einer deskriptiven Sprache, die Grammatik voraussetzt (Anm. 118). Dies beschleunigte den genetischen Fortschritt zum *Homo*.

Aber diese Fortentwicklung war sicherlich nicht bloß einer winzigen Veränderung der DNA zu verdanken, die auf *zufälligem* Wege erfolgt sei, wie Hawking impliziert.

Man sieht: es wäre besser gewesen, Hawking hätte das Terrain seines Fachgebiets *nicht* verlassen. –

Martin Rees beantwortete die ihm gestellte Frage, ob denn die berühmte Weltformel, nach der Physiker seit Generationen suchen, endgültige Antworten auf die Fragen über den Kosmos liefern würde:

„... Der Physiker Richard Feynman stellte den Vergleich mit einem Schachspiel an: Wie jemand durch die Beobachtung einer Schachpartie allmählich die Spielregeln heraus bekommt, so können die Physiker durch die Erkundung der Natur darauf kommen, welche Kräfte und Gesetze in ihr wirken. Aber dennoch stellt das Erlernen der Regeln nur einen kleinen Anfang dar, denn die Faszination des Schachspiels liegt in seiner Vielfalt, die sich aus diesen wenigen einfachen Regeln ergibt. Und so könnte die Evolution zwar auf einigen wenigen Regeln beruhen, aber die Herausforderung liegt in der Komplexität, die aus diesen Regeln entstanden ist. Insofern würde uns eine Weltformel nur die grundlegenden Regeln sagen, die das Universum regieren, aber nicht die besondere Weise erklären, in der diese Regeln sich dort manifestieren."

Es bedarf des Formats eines Kosmologen, der für sein Fach die Bedeutung erlangen müsste wie Kant für die Philosophie, um die widerstrebenden Einfälle auf einen Nenner zu bringen. Da liefert etwa Hawking in „Das Universum ist eine Nussschale" ein Modell der Paralleluniversen als mögliche Lösung großer kosmologischer Rätsel. Dieser Theorie zufolge könnte jenes Universum, in dem sich die Erde befindet, nur eines von vielen sein, die in einem höher dimensionalen Raum driften – dem *Multiversum*. Der Raum „dazwischen", führt Hawking aus, könnte ein so genannter „Hyperraum" sein, ein vierdimensionaler (?) Raum, in dem die Universen „wie Frisbeescheiben umher fliegen".

Im Übrigen ist Hawking mit der „Membrantheorie", der viel gefeierten M-Theorie – *M* wahlweise von *„Mother"*, *„Mystery"* oder *„Matrix"* (?!), man erinnere sich der Sage vom der Suche nach dem heiligen Gral; auch sie konnte geheimnisumwobener kaum sein –, mit der Ed Witten 1995 vor ein demütig erschauerndes Publikum getreten war, um die zerfallenden Superstringtheorien zu einer überwölbenden Theorie zusammen zu fassen, nicht ganz einverstanden: „In der Mitte des M-Theorie-Puzzles klafft noch ein großes Loch. Solange wir dieses Loch nicht gefüllt haben, dürfen wir wahrlich nicht behaupten, wir hätten die Weltformel entdeckt" (Anm. 119).

Es scheint ein Hauptanliegen der Physiker des angloamerikanischen Mainstream zu sein, unter Ausschluss näher liegender Alternativen wie eine *durch das menschliche Bewusstsein gebrochene* Wellenfunktion des gesamten Universums (Anm. 120) ein *Multiversum* zu postulieren. Denn, wie Martin Rees freimütig formuliert, „wenn es viele Universen gibt, die völlig anders aussehen als unseres, in denen andere Gesetze gelten, keine Schwerkraft wirkt und die vielleicht nur eine kurze Lebensdauer besitzen und zu wenig stabil sind, als dass sich Komplexität und Bewusstsein entwickeln könnte, dann ist es nicht überraschend, dass eines davon besondere Eigenschaften aufweist. Unser Universum wäre nur eine Episode im unendlichen Multiversum."

Doch wie sollte man sich solch ein Multiversum denken? Einerseits als fortwährend Babys zeugendes Universum, also ein Multiversum längs einer in alle Ewigkeit verlaufenden linearen Zeitachse (eine Vorstellung, die von Lee Smolin genauer ausgeführt wurde); andererseits als Fülle unendlich vieler einander paralleler Universen (David Deutsch). Schon vor etwa dreißig Jahren argumentierte man zur Veranschaulichung der Paralleluniversen in etwa so:

Da es unser Universum gibt, ist es nur recht und billig anzunehmen, dass es noch unzählige andere Universen gibt, denn warum in Gottes Namen sollte es ein Universum *nur unseretwegen* geben?!

Es ist daher völlig selbstverständlich, dass es auch ein Universum gibt, in dem nicht Rom Karthago, sondern Karthago Rom geschlagen hat. Es ist dies ein paralleles Universum, in dem also alles ebenso läuft abgesehen davon, dass der Triumph Karthagos über Rom ab dem verkehrten Ausgang des dritten punischen Krieges eine entsprechend anders gelagerte Entwicklung der Weltgeschichte bereit hält.

Dieser andere Verlauf der Geschichte schließt aber nun keineswegs aus, dass es im zwanzigsten Jahrhundert nach Christi Geburt – die im Paralleluniversum an Stelle des römischen Weltreiches in einer ebenso der Erlösung bedürftigen Situation stattfand, nämlich im karthagischen Weltreich – ein Bier namens *Heineken* gibt.

Die völlige Absurdität der Viele-Welten-Theorie ergibt sich eben erst dann, wenn man zu trivialeren Beispielen greift als jenem, dass ebenso gut Karthago Rom als Rom Karthago geschlagen haben könnte. Denn nun gibt es ein paralleles Universum, in dem Karthago Rom geschlagen hat, ein Bier des zwanzigsten Jahrhunderts nach Christus aber ebenso gut Heineken heißt. Doch mit zumindest der gleich großen Plausibilität gibt es auch Universen, in denen im zwanzigsten Jahrhundert nach Christus ein Bier getrunken wird, das Einekenh, Inekenhe, Nekenhei und so weiter und so fort heißt.

Sie stutzen ob dieser Provokation? Zu Unrecht, wenn Sie sich die Viele-Welten-Theorie in allen ihren Konsequenzen ausmalen. Es gibt nämlich im Grunde genommen keine plausibel argumentierbare Einschränkung Ihrer Fantasie.

Schon Stanislaw Lem, der weltberühmte Science-Fiction-Romancier, der schon vor Philip K. Dick das Genre maßgeblich geprägt und gewissermaßen kultfähig gemacht hat, empfand die Viele-Welten-Theorie als schlechten Witz. Befragt in einem Interview, was er von der in Mode gekommenen Annahme halte, dass alles, was von den Naturgesetzen nicht ausdrücklich verboten ist, irgendwie auch vorhanden sein müsse, gab er folgendes Beispiel: „In einer bestimmten Weise existierte die Schreibmaschine, die ich hier habe, schon im Mesozoikum, zur Zeit der Dinosaurier, als reine Möglichkeit. Dass sie jetzt hier vor uns steht, ist der Beweis dafür" (Anm. 121). ...

Das Theater um die Viele-Welten-Theorie, Multiversum und so weiter hat, auch wenn dies heftig bestritten würde, hauptsächlich einen *ideologischen* Grund: müsste man einräumen, dass es nur *ein* Universum gibt, so stellt sich die Frage, wieso dieses Universum so sehr auf die Entstehung von Komplexität und Leben angelegt ist.

Es gibt für den Nichtphysiker *völlig unscheinbare Details* wie etwa jenes, dass eine im Labor gemessene winzige Verletzung der so genannten „kombinierten Raum-Ladungs – Spiegelung bei der schwachen Kraft" immerhin die Konsequenz hat, dass sich etwa zehn hoch minus sechsunddreißig Sekunden nach dem Urknall nicht sämtliche Materie und Antimaterie gegenseitig vernichtet hat, sondern dass ein winziger Bruchteil von Materie übrig geblieben ist: der Stoff, aus dem die Welt und wir gemacht sind (Anm. 122). Und es gibt eine große Menge *„sinnvoller Koinzidenzen"*, das sind Zahlen, die in den verschiedenen Gesetzen der Physik auftreten, zum Beispiel die Masse des Elektrons, die elektrische Ladung des Protons, Newtons Gravitationskonstante oder das Plancksche Wirkungsquantum, denen gegenüber die Existenz vieler komplexer Strukturen im Universum und besonders von biologischen Organismen eine bemerkenswerte Empfindlichkeit aufweisen. Es zeigt sich, dass selbst *geringste Abweichungen* von den beobachteten Werten genügen würden, *drastische Änderungen bei den Strukturen* hervor zu rufen. Was die Organismen angeht, so würde schon ein kaum merklicher Eingriff in die Naturkonstanten jegliches Leben – zumindest von der irdischen Spielart – ganz und gar ausschließen (Anm. 123).

Sowohl jenes unscheinbare Detail, das von Schopper in dem zitierten Aufsatz aufgezeigt wurde, als auch die große Menge „sinnvoller Koinzidenzen" sind ungeachtet sonstigen Fortschreitens von Physik und Kosmologie *bis heute aktuell.*

Das Prinzip, das auf der Interpretation der anscheinend völlig unscheinbaren Details und der großen Menge „sinnvoller Koinzidenzen" zwanglos aufbaut, heißt *starkes anthropisches Prinzip.* Es beantwortet die Frage, warum unsere Naturgesetze gerade die Form haben, die wir beobachten, und die Frage, warum die Naturkonstanten so fein darauf abgestimmt zu sein scheinen, dass sie Leben ermöglichen, wie wir es kennen. Das Universum scheint mit mit dem Leben und dem Bewusstsein „schwanger" zu sein. Zwanglos liegt es auf der Hand, dass dieses Prinzip durchaus mit bestimmten *religiös motivierten Erwägungen vereinbar is*t, denen zufolge das Universum keine bloß zufällige, sondern eine *offenbar von einem Gott gesteuerte* Entwicklung ist. Allerdings gibt es auch die Auffassung etwa Fred Hoyles 1984, der zufolge das Universum gewissermaßen ein Zahnrad ineinander greifender demiurgischer Intelligenzen sei (Anm. 124).

Diese an und für sich nahe liegende Konsequenz, die vor allem eine anthropozentrische Betrachtungsweise des Universums hintan hält, wird von der Scientific Community des neuen Jahrhunderts auf das Schärfste zurückgewiesen. Mit noch so haarsträubenden Hilfshypothesen und der Zurückweisung des Popperschen Falsifikationskriteriums (Anm. 125) wird *die Stringtheorie als die ultimative kosmologische Theorie* aufgebaut. In Spektrum der Wissenschaft 5/09 stellt Dieter Lüst, Professor für Mathematische Physik an der

Ludwig Maximilians Universität in München, zunächst die rhetorische Frage, ob die Stringtheorie noch eine Wissenschaft sei. Über das Poppersche Kriterium könne man sich deshalb hinweg setzen, weil die Stringtheorie ein so ungeheures Potential aufweise. „Als erste Theorie überhaupt hat sie sowohl die Gravitation als auch die schwache, die starke und die elektromagnetische Kraft unter einem Dach zusammengeführt". Dazu ist einfach aus der Warte des um Wissen ringenden interessierten Laien zu sagen, *dass dies Wunschdenken ist und bleibt. Das ist schlicht falsch.* Es gibt noch keine einheitliche Theorie, und das Schwadronieren mathematisch wenngleich extrem begabter Hysteriker ändert daran nichts. Vielmehr wirft dies ein Grundproblem auf: Mathematik war nach Kant immer eine Wissenschaft *synthetischer* Sätze a priori. Doch wenn sich die mathematische Absurdität ins Unsägliche steigert: sind die Formeln, die hier von größenwahnsinnigen Autisten produziert und zur Welterklärung herunter gebrochen werden, noch etwa synthetisch oder bloß Spielereien des sich in sich und an sich auch schon in Formelkram erschöpfenden analytischen Verstandes, der nur noch durch Gemälde von de Chirico und Dali einigermaßen karikiert werden kann?

Die Lage ist aussichtsloser als zu Zeiten der Schöpfer der Quantenmechanik in den Zwanzigerjahren des letzten Jahrhunderts. Schon jetzt zeichnet sich ab, dass die Stringtheorie völlig scheitern wird. Sie wird selbstverständlich keine Weltformel leisten. Es ist bezeichnend, dass der String-Insider Lüst unter den Begründern der Quantenmechanik zwar Max Planck, (dessen Schüler) Werner Heisenberg und Paul Dirac anführt, aber den Namen Schrödinger unterschlägt; jenes Mannes, der schon 1935 übrigens in „Was ist Leben?" die kristalline Struktur der Lebenskerne enthüllte und damit Crick/Watson, den angloamerikanischen Epigonen, den Boden aufbereitete für ihre Entdeckung der DNA.

Denn der Kern des angloamerikanischen Denkens ist und bleibt der Empirismus des 17. Jahrhunderts und der daraus entsprossene Materialismus. Natürlich gab es und gibt es den strengen angloamerikanischen Protestantismus, den Quietismus, die Mormonen und so weiter und so fort; aber ebenso unleugbar wird die hochkarätige Wissenschaftergemeinde der USA und Großbritanniens und des angepassten Deutschland von Materialismus und Atheismus durchpflogen.

Niemand kommt in den einschlägigen Universitätscliquen hoch, der nicht den Atheismus und den Materialismus mit der Muttermilch in sich aufgesogen hat. Alle Anderen werden als Scharlatane abqualifiziert; sie werden *tot geschwiegen*, und ihnen gegenüber nimmt man die wenig vornehme, im Grunde genommen erbärmlich feige Haltung des *Totstellens* ein.

Während es früher darüber Diskussionen gab, ob und inwieweit eine Wissenschaftergemeinde sich in derartig extremer weltanschaulicher Einseitigkeit üben dürfe, ist das heute völlig tabuisiert. Die letzte Ausnahme in der deutschen Wissenschaftsgemeinde, der sich nicht derart in seinem philosophischen Denken perfid knebeln ließ, war Carl Friedrich von Weizsäcker (gestorben 2007).

Wie Lüst richtig argumentiert, ist das anthropische Prinzip in der Lage, die von einigen Kosmologen behauptete Feinabstimmung zu erklären – das scheinbare „Wunder" also, dass schon leicht veränderte Naturkonstanten die Entstehung von Leben verhindern hätten können. Ist nun eine göttliche Steuerung oder etwas anderes, eine völlig alternative Sichtweise der Dinge dafür verantwortlich, dass das Universum, das wir erkennen, Leben und Bewusstsein *zu zeitigen* scheinen?

Wie kann für einen strikt naturalistisch eingestellten Kosmologen oder Mathematiker das „Wunder" der Koinzidenzen, *die auf uns hin abgestimmt zu sein scheinen,* erklärt werden? Wie ist unser „Konstantenfenster" erklärbar? Wie kann „unser Kosmos von dem Makel (!?), ein – aus welchen Gründen auch immer – fein abgestimmtes Kuriosum (!?) zu sein" (Anm. 126) befreit werden?

Die Antwort darauf liegt in der *Viele-Welten-Theorie (*Everett 1958*),* die, nunmehr abgefeilt und raffiniert durch die Stringtheorien der Achtziger- und Neunzigerjahre, aufgrund des *Gesetzes der großen Zahlen* das anthropische Prinzip zu lösen scheint: in einer hinreichend großen Stichprobe muss alles, was möglich ist, irgendwo realisiert sein. In der großen Menge von Kombinationen, die im Multiversum existieren, so argumentiert Lüst, muss auch unser „Konstantenfenster" realisiert sein – wir brauchen uns also nicht zu wundern, gerade dieses zu beobachten (Anm. 127). Keine noch so absurd/abstruse Potenzierung des nur einmal gegebenen Universums scheint den Verfechtern der „Scientific Correctness" zu abwegig, um nicht eine Ausflucht zu ermöglichen vor der Evidenz, dass das Universum durch *Gott* oder einen *Demiurgen* gesteuert ist.

Aber selbst ein String-Insider wie Lüst kommt letztlich nicht um eine frappierende und letztlich ad absurdum führende Erkenntnis herum, die sich gerade dann eröffnet, wenn man die Einmaligkeit des Universums *verkennt*: paradoxerweise und eigentlich völlig verhaftet in mittelalterlicher, jedweder wissenschaftlichen Aufklärung voran gehenden Blasiertheit „kommt (man) um den

Gedanken nicht herum, dass die Theorie des Multiversums – nach Kopernikus und Darwin – dem Menschen sogar eine Sonderrolle wieder zurückgibt. Denn ihr zufolge ist er nicht nur glücklicher Sprössling eines ansonsten wohl weithin unbelebten Universums (gemeint wohl: Multiversums), sondern stellt vielleicht sogar in einer ganzen Landschaft von Universen den extrem unwahrscheinlichen Ausnahmefall eines intelligenten Beobachters dar." (?!)

Anmerkungen

1) Safranski, S. 353f.
2) Kitzmüller/Büchele, Das Geld als Zauberstab und die Macht der internationalen Finanzmärkte, Wien 2004
3) Engelmann, Jacques Derridas Rundgänge der Philosophie, S. 107f.
4) Derrida, Die Differance, S. 38f.
5) 3 SAT Diskussion am 29.12.2000, „2001 – Odyssee der Moderne"
6) Jean-Philippe Bouchard, Die Ökonomie braucht eine wissenschaftliche Revolution, zitiert nach Spektrum der Wissenschaft 01/09, S. 23 „Springers Einwürfe"
7) profil 50/08, S. 63
8) Hans Peter Duerr in Der Spiegel 49/2000, S. 188
9) Der Spiegel 39/2000, S. 170
10) Essay von Harald Welzer „Ratlos in die Zukunft" in Spektrum der Wissenschaft 11/08, S. 143
11) 3 SAT Dokumentation am 3.6.2009 über Mexiko
12) an Stelle zahlreicher Hinweise, dass selbst eine hochkarätig besetzte Evaluierungskommission vom „schützenden" Umfeld von Natascha Kampusch aus auf Medienrecht spezialisierten Rechtsanwälten, Verbrechensopferexperten und Psychiatern/PsychologInnen an der Nase herumgeführt wird, profil 29/09
13) Popper/Eccles, S. 80
14) Webb
15) Derrida, Die differance, S. 129
16) Laughlin, S. 34
17) Huizinga, S. 201
18) Spektrum der Wissenschaft 1/96, S. 93
19) Ditfurth, FN 34
20) Spektrum der Wissenschaft 10/96, S. 8
21) Spektrum der Wissenschaft 11/07, S. 117
22) Mayr, S. 341
23) http://de.wikipedia.org/wiki/Epigenetik
24) vgl. zur Kontroverse um Libet et al: z.B. Langer, S. 162f., 166f.
25) Herschkowitz, S. 110
26) Spektrum der Wissenschaft 10/08, S. 43, S. 48
27) http://joergo.de/int_dylanhaynes_fmri.htm

28) Riedl, S. 154f.
29) Taschner, S. 182
30) Friedman, S. 43
31) Friedman, S. 98
32) Friedman, S. 42f.
33) Hobsbawm, S. 307 – S. 309
34) Stegmüller I, S. 43
35) Spektrum der Wissenschaft 7/08, S. 74
36) Gerhard Neuweiler, Der Ursprung unseres Verstandes, in Spektrum der Wissenschaft Dossier 4/05, S. 15, S. 13
37) Friedman, S. 67f.
38) Störig, S. 135
39) Erdmann, S. 40
40) Interview in Der Spiegel 23/1976
41) zitiert nach Derrida, Vom Geist, S. 46
42) Derrida, Vom Geist, S. 23
43) zitiert nach Derrida, Vom Geist, S. 25
44) Derrida, Vom Geist, S. 24
45) Derrida, Vom Geist, S. 29
46) Derrida, Vom Geist, S. 19
47) Spektrum der Wissenschaft 7/08, S. 104
48) Friedman, S. 98
49) Spektrum der Wissenschaft 6/96, S. 120
50) zitiert nach http://www.tabvlarasa.de/24/Spaet.php
51) Erhard Oeser in Riedl/Wuketits, S. 48
52) Spektrum der Wissenschaft 9/07, S. 94
53) vgl. hierzu Langer, S. 25 – S. 28
54) Friedman, S. 101
55) Stegmüller I, S. 79
56) Schrödinger, Geist und Materie, S. 92f.
57) Spektrum der Wissenschaft 7/08, S. 74
58) vgl. schon Hernegger, S. 60
59) Spektrum der Wissenschaft 6/07, S. 87
60) profil 32/05, S. 99
61) so Malte Jessl in Spektrum der Wissenschaft 2/08, S. 19
62) Nestle, S. 13
63) Nestle, S. 22
64) Nestle, S. 7

65) in der österreichischen Tageszeitung „Die Presse" „spectrum" vom 23.5.2009
66) Davies/Brown, S. 151
67) Nestle hält sich an Cassirer, Philosophie der symbolischen Formen, 1920
68) Nestle, S. 2
69) Nestle, S. 17f.
70) Nestle, S. 19
71) Wahle, S. 200
72) http://de.wikipedia.org/wiki/Logos
73) Wolfgang Saur, Das heilige Russland – Russischer Geist vor der Revolution, Neue Ordnung II/08, S. 43
74) Fragmente des Heraklit nach Schrödinger, Die Natur und die Griechen, S. 126
75) vgl. mit etlichen Nachweisen Langer, S. 70ff., S. 168ff.
76) Heidegger, S. 32f.
77) Nestle, S. 195
78) Nestle, S. 199
79) vgl. Friedman, S. 159
80) Christof Koch in Spektrum der Wissenschaft 1/08, S. 46
81) Eccles
82) Spektrum der Wissenschaft Dossier 3/07, S. 82
83) Spektrum der Wissenschaft 2/08, S. 52
84) Spektrum der Wissenschaft 3/08, S. 44 – S. 47
85) Spektrum der Wissenschaft 1/08, S. 48
86) Spektrum der Wissenschaft 1/08, S. 46
87) Spektrum der Wissenschaft Dossier 3/07, S. 81
88) Wahle, S. 193
89) Anaxagoras Fragment 17, zitiert nach Nestle, S. 185
90) Wilcken, S. 186f.
91) Friedman, S. 102
92) zitiert nach Friedman, S. 118
93) Friedman, S. 45
94) Friedman, S. 58
95) zitiert nach Friedman, S. 34f.
96) Spektrum der Wissenschaft 10/00, S. 44f.
97) Zitiert nach Friedman, S. 100
98) zitiert nach Friedman, S. 43

99) Friedman, S. 81
100) Gribbin, S. 131
101) Dürr/Zimmerli, S. 40
102) zitiert nach Coveney/Highfield, S. 380
103) Laughlin, S. 21
104) Schrödinger, Geist und Materie, S. 91 – S. 93
105) Auszüge der Vorträge, aus denen im Folgenden zitiert wird, Spektrum der Wissenschaft 9/96, S. 51
106) Hawking, Eine kurze Geschichte der Zeit, S. 217
107) Spektrum der Wissenschaft 9/08, S. 35
108) Spektrum der Wissenschaft 3/96, S. 42f.
109) profil 15/07, S. 73
110) bild der wissenschaft 12/96, S. 81
111) Spektrum der Wissenschaft 3/96, S. 45
112) profil 15/07, S. 73
113) http://de.wikipedia.org/wiki/Robert_B._Laughlin
114) Hawking, Einsteins Traum, S. 131f.
115) Nachweise bei Langer, S. 177
116) Stegmüller II, S. 2 – S. 35
117) Spektrum der Wissenschaft 11/07, S. 117
118) Nachweise bei Langer, S. 86 – S. 92
119) Format 38/01, S. 145
120) Andrej Linde, John Wheeler; vgl Langer, S. 49
121) Der Spiegel 3/96, S. 180
122) Herwig Schopper, ehem. Generalsekretär des CERN, in bild der wissenschaft 5/91, S. 61
123) Davies, S. 231
124) Talbot, S. 209
125) Spektrum der Wissenschaft 3/09, S. 72; 5/09, S. 35
126) Lüst in Spektrum der Wissenschaft 5/09, S. 39
127) Spektrum der Wissenschaft 5/09, S. 38

Literaturverzeichnis

Peter **Coveney**/Roger **Highfield**, Anti-Chaos – Der Pfeil der Zeit in der Selbstorganisation des Lebens, Reinbek bei Hamburg 1992

Paul **Davies**, Prinzip Chaos – Die neue Ordnung des Kosmos, München 1988
P. C. W. **Davies**/ J. R. **Brown** (Hrsg.), Der Geist im Atom – Eine Diskussion der Geheimnisse der Quantenphysik, Frankfurt am Main und Leipzig 1993
Jacques **Derrida**, Die differance – Ausgewählte Texte, Stuttgart 2004
Jacques **Derrida**, Vom Geist. Heidegger und die Frage, Frankfurt am Main 1992
Hoimar von **Ditfurth**, Im Anfang war der Wasserstoff, Hamburg 1972
Hans Peter **Dürr**/Walther Ch. **Zimmerli** (Hrsg.), Geist und Natur – Über den Widerspruch zwischen naturwissenschaftlicher Erkenntnis und philosophischer Welterfahrung, Bern München Wien 1989

John C. **Eccles**, Wie das Selbst sein Gehirn steuert, Berlin Heidelberg 1994
Peter **Engelmann** in Jeff Bernard, Semiotica Austriaca, Wien 1987
Johann Eduard **Erdmann**, Der deutsche Idealismus – Geschichte der Philosophie VII, Reinbek bei Hamburg 1971

Michael **Friedman**, Carnap Cassirer Heidegger, Frankfurt am Main 2004

John **Gribbin**, Auf der Suche nach Schrödingers Katze – Quantenphysik und Wirklichkeit, München Zürich 1988

Heiner **Hastedt**, Moderne Nomaden – Erkundungen, Wien 2009
Stephen W. **Hawking**, Eine kurze Geschichte der Zeit – Die Suche nach der Urkraft des Universums, Reinbek bei Hamburg 1989
Stephen W. **Hawking**, Einsteins Traum – Expeditionen an die Grenze der Raumzeit, Reinbek bei Hamburg 1993
Martin **Heidegger**, Sein und Zeit, Tübingen: Niemeyer, 1977
Rudolf **Hernegger** in Tiergötter – Götzentiere, Franz Kreuzer im Gespräch mit Eike-Meinrad Winkler, Rudolf Hernegger und Otto Koenig, Wien 1985
Eric J. **Hobsbawm**, Das imperiale Zeitalter 1875 – 1914, Frankfurt am Main 1995
Johan **Huizinga**, Herbst des Mittelalters, Stuttgart 1975

Reinhard **Kacianka**, museum für quellenkultur Klein St. Paul 2008
Erich **Kitzmüller**/Herwig **Büchele**, Das Geld als Zauberstab und die Macht der internationalen Finanzmärkte, Wien 2004

Robert **Langer**, Vergangenheit und Gegenwart unseres Geistesverständnisses, Herbolzheim 2007
Robert B. **Laughlin**, Abschied von der Weltformel, München Zürich 2007

Ernst **Mayr**, Das ist Evolution, München 2003

Wilhelm **Nestle**, Vom Mythos zum Logos, Stuttgart 1940

Karl R. **Popper**/John C. **Eccles**, Das Ich und sein Gehirn, München Zürich 1987

Rupert **Riedl**, Die Strategie der Genesis, München Zürich 1976
Rupert **Riedl**/Franz M. **Wuketits** (Hrsg.), Die Evolutionäre Erkenntnistheorie EE, Bedingungen – Lösungen – Kontroversen, Berlin Hamburg 1987

Rüdiger **Safranski**, Ein Meister aus Deutschland – Heidegger und seine Zeit, Frankfurt am Main 2001
Erwin **Schrödinger**, Geist und Materie, Zürich 1989
Erwin **Schrödinger**, Die Natur und die Griechen, Wien Hamburg 1987
Wolfgang **Stegmüller**, Hauptströmungen der Gegenwartsphilosophie Band I, Stuttgart 1978
Wolfgang **Stegmüller**, Hauptströmungen der Gegenwartsphilosophie Band II, Stuttgart 1987
Hans Joachim **Störig**, Kleine Weltgeschichte der Philosophie 2, Frankfurt am Main 1979

Michael **Talbot**, Jenseits der Quanten, München 1990
Rudolf **Taschner**, Zahl Zeit Zufall – Alles Erfindung?, Salzburg 2007

Richard **Wahle**, Die Tragikomödie der Weisheit – Die Ergebnisse und die Geschichte des Philosophierens, Wien und Leipzig 1925
James **Webb**, Das Zeitalter des Irrationalen – Politik, Kultur und Okkultismus im 20. Jahrhundert, Wiesbaden 2008
Ulrich **Wilcken**, Griechische Geschichte, München 1962

📖 UNSERE BUCHTIPPS! 📖

Robert Langer
Vergangenheit und Gegenwart unseres Geistesverständnisses
Vom substantiellen Subjekt zum prozessbestimmten Subjekt

Reihe Philosophie, Band 30,
1. Auflage 2007, 238 Seiten, broschiert
ISBN 978-3-8255-0679-7,
24,90 €

Was verstehen wir unter Ich? Das Ichverständnis als Subjekt, wie es von der Hauptströmung der neuzeitlichen europäischen Philosophie propagiert wurde, ist nach der Revolution durch die Evolutionstheorie und spätestens die Kognitionswissenschaften nicht mehr ernsthaft nachvollziehbar. Bedeutet dies aber, es gäbe das Subjekt nur, insoweit es in den sprachlichen Diskurs bzw. im weitesten Sinn in Systeme von Zeichen eingeschrieben ist, die ihrerseits keine Bedeutung an sich mehr aufweisen, sondern bloß „Gebinde von Spuren" sind (Dekonstruktivismus)?

In enger Anlehnung an neuere kognitionswissenschaftliche Vorstellungen wird in diesem Buch ein kybernetisches Modell des prozessbestimmten Selbst zur Lösung des Subjekt-/Identitätsproblems vorgeschlagen. Des Weiteren wird entgegen dem materialistischen Paradigma unserer Epoche versucht, die Irreduzibilität des Bewusstseins mit diesem Steuerungsmodell zu vereinbaren.

Die Abhandlung wendet sich an den philosophisch und psychologisch interessierten Laien.

☞ **Besuchen Sie uns im Internet !**

www.centaurus-verlag.de

REIHE PHILOSOPHIE

➢ Roger Andreas Fischer
Vom offenen Geschehen und seiner Bewältigung
Ein Essay

Band 33, 2010, ca. 90 Seiten, br.,
ISBN 978-3-8255-0771-8, 16,90 €

Woran erkenne ich, daß eine Sache so oder auch ganz anders ausgehen kann? Und wie soll ich mich dazu verhalten? Jede Gesellschaft beantwortet diese Fragen auf ihre Art. Dieser Essay zeigt einige typische Antwortmuster – Transzendenz und Handlung in der Antike, Organisation und Staat in der Neuzeit. Es werden Gründe dargelegt, die zu einem Wechsel des Antwortmusters beitragen können. Der Autor entwirft einen Katalog von fünf Arten, auf die sich allgemein Erscheinungen zur Zeit verhalten können und nutzt ihn als begrifflichen Leitfaden für einen spannendes gedankliches Experiment.

➢ Hellmuth Kiowsky
Die Urkraft des Bösen
Das Böse - ein notwendiger Faktor im Weltgeschehen?

Band 31, 2008, 180 Seiten, br.,
ISBN 978-3-8255-0389-5, 17,90 €

➢ Rudolf Kischkel
Blick in die Ewigkeit
Eine zeitgemäße Welt- und Selbsterkenntnis

Reihe Philosophie, Band 29, 2. ergänzte Auflage 2007, 190 Seiten, 7 Farbabbildungen, br.,
ISBN 978-3-8255-0670-4, 21,50 €

➢ Wolfgang Möller
Ankunft aus dem Nichts
Das Rätsel meines Daseins

Reihe Philosophie, Band 28, 2007, 160 Seiten, br.,
ISBN 978-3-8255-0653-7, 18,50 €

➢ Ludwig Weber
Überwindung der Metaphysik in der Theologie
Studien zur Entkräftung, Wirkung und Struktur totalitären Denkens

Reihe Philosophie, Band 27, 2005, 120 Seiten, br.,
ISBN 978-3-8255-0523-3, 17,90 €

Centaurus Verlag

MIX
Papier aus verantwortungsvollen Quellen
Paper from responsible sources
FSC® C105338

If you have any concerns about our products,
you can contact us on
ProductSafety@springernature.com

In case Publisher is established outside the EU,
the EU authorized representative is:
**Springer Nature Customer Service Center GmbH
Europaplatz 3, 69115 Heidelberg, Germany**

Printed by Libri Plureos GmbH
in Hamburg, Germany